U0685436

IT WaiBao JueCe Yu FangZhen

# IT外包决策与仿真

张 培◎著

中国书籍出版社
China Book Press

图书在版编目（CIP）数据

IT 外包决策与仿真 / 张培著 . -- 北京 : 中国书籍出版社 , 2017.2
ISBN 978-7-5068-6206-6

Ⅰ . ① I… Ⅱ . ① 张… Ⅲ . ① IT 产业—对外承包—经营决策—研究—中国 Ⅳ . ① F492

中国版本图书馆 CIP 数据核字 (2017) 第 128702 号

# IT 外包决策与仿真

张 培 著

---

责任编辑　刘 娜
责任印刷　孙马飞 马 芝
封面设计　田新培
出版发行　中国书籍出版社
地　　址　北京市丰台区三路居路 97 号（邮编：100073）
电　　话　（010）52257143（总编室）　　　（010）52257153（发行部）
电子邮箱　chinabp@vip.sina.com
经　　销　全国新华书店
印　　刷　北京市媛明印刷厂
开　　本　170 毫米 ×240 毫米　　1/16
字　　数　191 千字
印　　张　13.25
版　　次　2017 年 7 月第 1 版　　2017 年 7 月第 1 次印刷
书　　号　ISBN 978-7-5068-6206-6
定　　价　46.00 元

---

版权所有 翻印必究

# 前　言

　　随着信息技术的快速发展和经济全球化的发展趋势，信息技术与现代企业的业务活动整合程度日益加深，越来越多的企业依赖网络、信息系统、通信技术和设备来完成从投入到产出的整个经营环节。现代企业中，几乎每一样产品、服务、流程和功能都依赖于信息技术来运行，或者从根本上由信息技术所驱动。实际上，信息技术已经成为与企业业务活动密不可分的一部分。IT 外包为现代企业管理者提供了一种新的信息技术管理模式。采用 IT 外包模式，企业能够实现诸如缩减 IT 成本、提高 IT 服务效率、更好地关注自身核心业务等优势。然而 IT 外包的实施给企业带来便利、提供优势的同时，也让企业面临一系列新的决策和挑战。比如，选择 IT 外包的必要性和可能性，如何识别外包活动，如何选择外包商，如何签订外包合同，如何监控和测评外包过程，如何处理外包关系等，都是 IT 外包研究中现实而敏感的问题。

　　本书关注 IT 外包决策过程的复杂动态性，从新的理论视角——复杂适应系统（complex adaptive system，CAS）理论，融合交易成本理论（transaction cost theory，TCT）和资源基础理论（resource-based theory，RBT），采用多种理论相互补充的研究途径，运用文献分析、实证调查、网络层次分析及多主体计算机仿真等方法与工具，深入分析 IT 外包决策过程中的影响要素和关键维度，构建多阶段 IT 外包决策模型，重点研究 IT 外包采纳决策、IT 外包模式设计和 IT 外包实施方案，分析了 IT 外包实施过程的关键成功要素及外包绩效的多主体评价，并基于 Repast 平台进行了 IT 外包决策仿真研究。全书共分为以下四部分。

第一部分包括第一章和第二章，主要分析了本书研究 IT 外包决策的基本问题、文献综述及研究问题的提出等。首先，对研究背景、研究问题及意义进行了阐述；其次，从 IT 外包起源和发展出发，描述了 IT 外包理论研究的现实背景，并归纳出 IT 外包的发展趋势；再次，系统分析了 IT 外包文献研究现状，比较了国内外 IT 外包文献研究概况，对 IT 外包决策研究进行了综述；最后，在深入分析 IT 外包理论内涵的基础上，剖析了 IT 外包决策特征。

第二部分为第三章，主要采用多种理论互补的研究途径，构建了 IT 外包决策过程模型。本部分分为三条研究主线：一是结合现有研究分析了 TCT、RBT 视角下的外包决策框架，基于对 IT 资源的竞争优势限制分析进一步扩展了 RBT 的 IT 外包理论框架，分析了 TCT 和 RBT 外包理论的互补性，构建了融合 RBT 和 TCT 的 IT 外包决策分析框架；二是从 CAS 理论视角分析了 IT 外包决策系统的复杂适应特征，应用"刺激—反应"模型对 IT 外包决策主体进行了刻画分析；三是综合应用 CAS、RBT 和 TCT 理论视角，提出了 IT 外包决策过程模型。

第三部分包括第四章、第五章和第六章，这是本书最为核心的部分，主要研究了企业 IT 外包采纳决策、IT 外包模式设计和 IT 外包实施方案，并分析了外包实施过程中的关键成功要素。首先，融合 TCT 和 RBT 理论构建了 IT 外包采纳决策模型，以中国大陆地区企业为研究样本，通过结构性问卷调查和企业访谈相结合的方法，实证分析了企业 IT 外包决策的关键影响因素，验证了企业 IT 外包采纳决策模型。实证结果表明，企业信息化发展阶段和行业 IT 关联程度是影响企业 IT 外包决策的两个关键维度。其次，研究 IT 外包模式设计，分析提出了多维度 IT 外包模式设计分析框架，构建了 IT 外包模式设计的 ANP（Analytic Network Process，网络层次分析法）模型，应用超级决策（super decision，SD），软件来进行具体的实例分析和模型应用；分析了 IT 外包范围决策与 IT 外包商选择之间的相互作用关系，提出 IT 外包范围选择影响着 IT 外包商关系模式的选择和外包商的评估准则，并给出了 IT 外包商选择流程和具体的外包商评估准则。最后，归纳了两类 IT 外包实施方案——替代型 IT 外包和放弃型 IT 外包，并阐明选择的理由；对 IT 外包决策实施过程中影响外包双方的共同因素，以及 IT 外包绩效评价进行了分析。

第四部分包括第七章和第八章，主要内容是企业 IT 外包决策过程的仿真研究。系统阐述了复杂系统建模和仿真的理论与方法，提出了 IT 外包决策模拟与仿真的思路和步骤；基于 Repast 仿真平台进行了企业 IT 外包决策触发机制、企业 IT 外包商选择及其外包绩效评价的模拟研究，并对仿真结果进行了深入分析，仿真结果不仅进一步验证了本书前文提出的相关研究结论，同时也表明 IT 外包决策过程具有鲜明的路径依赖性，本书将其归纳为包括历史背景路径依赖和关系路径依赖。最后对全文总结，并进行后续研究工作展望。

基于上述研究，相比相关领域的已有结论，本书的创新性主要体现在以下几方面。

（1）从外包发展过程的视角，构建了多理论视角下的 IT 外包决策过程模型。为深入考察 IT 外包决策主体、决策环境及两者之间复杂的相互作用关系，提出了新的理论模型和分析框架，对 IT 外包决策理论具有一定的创新。

（2）整合经济和战略理论视角，构建了 IT 外包采纳决策模型。以中国大陆企业为研究样本进行了实证分析，研究结果弥补了现有文献中缺少中国企业 IT 外包实证研究的不足。实证结果表明，信息化发展的迫切需求是影响中国企业 IT 外包采纳决策的关键因素之一，而这一影响因素在已有文献中并未引起学者们的关注，研究结果扩展了现有 IT 外包决策的理论分析框架。

（3）提出了多维度 IT 外包模式设计分析框架，构建 IT 外包模式设计 ANP 模型，应用专业 SD 决策软件对 ANP 模型进行了实例分析，进一步验证了该模型的有效性和实用性。分析了 IT 外包范围决策与 IT 外包商选择之间的相互作用关系，归纳出两种外包实施方案——替代型 IT 外包和放弃型 IT 外包,进一步扩展了 IT 外包的理论内涵。

(4)应用多主体仿真平台模拟研究 IT 外包决策行为在研究方法上具有一定的创新性。基于 Repast 多主体仿真平台对 IT 外包决策触发行为、外包商选择与评价的动态变化过程进行了模拟试验。仿真结果表明:决策主体所处的行业类型和信息化发展阶段对 IT 外包采纳决策的触发行为具有显著影响,企业 IT 外包决策系统具有鲜明的历史路径依赖性和关系路径依赖。

# 目　录
The Contents

## 第四章　企业 IT 外包采纳决策研究

# 第六章　企业 IT 外包决策实施与评价分析

# 第七章　企业 IT 外包决策过程仿真研究

## 第八章　　总结与展望

# 第一章 绪 论

## 第一节 研究背景

　　管理理论的提出和学术研究的深入总是离不开大量广泛的管理实践，外包（outsourcing）也不例外。100 多年来，可口可乐公司并不从事饮料生产，却建立起了庞大的可口可乐王国；著名的体育品牌 Nike 运动鞋并没有自己的工厂，却成了世界知名的运动鞋品牌之一；再从大公司员工餐厅到大学宿舍的外包，无不说明外包的实践是由来已久的。《哈佛商业评论》认为，外包模式是过去 75 年来企业最重要的管理概念和经营模式（伊恩·本和吉尔·珀斯，2004）。世界级管理大师彼得·德鲁克于 1944 年就已经指出，"在 10—15 年，任何企业中仅做后台支持而不创造营业额的工作都应该外包出去，任何不能提供高级发展机会的活动与业务也应该采用外包的形式。"然而，进入 20 世纪 90 年代以来，外包在内容和形式等诸多方面都发生了很大变化，尤其是进入 21 世纪以来，外包比较突出的特点是外包的内容已经不再只是"体力劳动"的转移，诸如"人力资源管理外包""公共关系外包""业务流程外包""信息服务外包"等，以及"脑力劳动"相关的管理领域的外包问题开始备受关注。其中和信息技术（information technology，IT）、信息系统（information systems，IS）相关的外包问题，称为 IT 外包或 IS

外包（Information Technology Outsourcing，Information System Outsourcing）[1]，是近年来在实践领域快速发展并受到学术界广泛关注和研究的热点之一。

## 一、IT 外包逐渐成为一种重要的信息技术管理模式

随着信息技术的快速发展和经济全球化的发展趋势，信息技术与现代企业的业务活动整合程度日益加深，越来越多的企业依赖网络、信息系统、通信技术和设备来完成从投入到产出的整个经营环节。现代企业中几乎每样产品、服务、流程和功能都依赖于信息技术来运行，或从根本上由信息技术所驱动。实际上，信息技术已经成为与企业业务活动密不可分的一部分。国内外研究表明（Bharadwaj，A., 2000；Ganesh D Bhatt and Varun Grover, 2005；张嵩和黄立平，2003；殷国鹏和杨波，2007），企业绩效与企业的信息技术能力之间存在显著的正相关关系。因此，如何运用信息技术来运行企业业务，改造企业业务，提高企业的信息技术能力，从而提升企业的核心竞争力，已成为众多企业管理者颇为关心的问题之一。IT 外包为现代企业管理者提供了一种新的信息技术管理模式。

20 世纪 90 年代以来，IT 外包不仅在欧美国家得到了快速发展，而且在包括中国在内的亚太地区 IT 外包市场也在不断扩张。据 Gartner 研究预计，2012 年全球 IT 外包（ITO）支出将达到 2517 亿美元，与 2011 年的 2466 亿美元相比，增长 21%。2012 年，亚太地区的 IT 外包市场以美元计将增长 1%，到 2013 年，增长将超过 2.5%。来自美国市场调查机构 Statista 的报告，2013 年全球 IT 外包市场总额为 2880 亿美元，相当于 1.8 万亿人民币。预期每年以 5.84% 的幅度成长，在 2019 年将达到 2.6 万亿人民币。相比国外市场，中国的 IT 外包市场规模在 2011—2015 年呈现出双倍增长的趋势。上述统计数据表明，越来越多的企业已经

---

[1] 就实际意义而言，信息技术（IT）指的是以现代计算机和通信技术为代表的信息采集、存储、传输、处理技术，信息系统（IS）则是建立在信息技术基础上，为企业或其他组织的运转和发展提供支持的应用系统。目前在 IT/IS 外包研究领域，学者们并未将 IT 外包、IS 外包进行严格区分，因此本书中的"IT 外包""IS 外包""IT 应用""IS 应用"等词汇的含义基本上对应且大体相当。

或开始将其 IT 业务或 IT 功能外包出去，IT 外包正在成为一种潮流和极具潜力的 IT 管理模式。

## 二、IT 外包属于不确定条件下的复杂决策问题

典型的 IT 外包发展过程包括外包活动识别、选择外包商、构建合同、监控和测评外包活动、外包关系管理等不同的外包发展阶段（Volker Mahnke et al., 2005）。在 IT 外包的每个发展阶段，都包含着不同的 IT 外包决策问题：企业是否选择 IT 外包？外包什么（选择哪些 IT 活动或 IT 项目外包）？外包给谁（如何确定外包商、外包模式）？如何实施外包（构建外包合同、管理外包关系、监管和测评外包活动）及如何评价 IT 外包的绩效等。因此，可以说 IT 外包决策贯穿于 IT 外包的全过程，即从企业决定 IT 外包到进行外包设计再到外包实施和外包评价等不同发展阶段都存在外包决策问题。

IT 外包属于不确定条件下的复杂决策问题。首先，由于 IT 活动与企业业务活动紧密结合在一起，企业发展过程中业务活动的不断变化导致对 IT 的需求是动态变化的，而 IT 本身所具有的不确定性和专用性等特征，使得企业对 IT 外包活动的影响很难实现准确估计。其次，IT 外包的发展演进带给企业更加复杂多变的外包环境（William R. King, 2005）。从传统形态 IT 外包到现代多元化、网络化的 IT 外包，从企业追求缩减成本的工具到企业战略选择的重要组成部分，IT 外包的范围、程度在不断增加和扩大。现代 IT 外包具有的多元化模式、复杂异构性和嵌入性等特征使得企业面临更加复杂多变的外包决策环境，而且不同的 IT 外包决策环境下，其决策影响因素及其影响程度也不同。最后，IT 外包面临着复杂的、连续的多项选择问题。随着企业外包行为的递进，企业决策主体与内外环境发生互动，决策态势不断演变，由于决策主体的知识背景、偏好等因素的影响，为企业进一步的决策行为选择带来了新的挑战，使得企业 IT 外包决策具有一定的风险性。可以说，在 IT 外包不同的发展阶段，IT 外包决策主体、决策环境及两者之间的复杂相互作用关系，影响和决定着企业 IT 外包的决策行为。

### 三、IT 外包决策是企业成功实施 IT 外包的关键

采用 IT 外包模式，企业能够实现如缩减 IT 成本、提高 IT 服务效率、更好地关注自身核心业务等优势。然而 IT 外包的实施给企业带来便利和优势的同时，也使得企业面临一系列新的决策和挑战。比如，选择 IT 外包的必要性和可能性，如何识别外包活动，如何选择外包商，如何签订外包合同，如何监控和测评外包过程，如何处理外包关系等都是 IT 外包研究中现实而敏感的问题。

在已有的研究中，Lacity and Willcocks（1998）调查研究发现，传统的 IT 外包成功率在 65% 左右。其中实施 IT 外包两年以上的企业中，60% 的企业对外包结果不满意，而 40% 的企业企图主动终止外包合同；Deloitte（2005）研究表明，1/4 的客户企业已经将原来外包出去的 IT 功能和活动收回到企业内部来完成；Willcocks and Cullen（2005）认为在大规模的、涉及复杂流程的且 IT 预算超过80% 的外包中，有 1/3 的外包项目是以失败告终的。而 Earls A.（2004）研究发现新的 IT 外包模式如 ASP 的整体满意度也不高。

已有研究表明，企业 IT 外包的成功率不高，实施外包的企业对 IT 外包的结果不满意，其主要原因是企业实施 IT 外包时没有解决好上述问题，其中诸如选择了不合适的外包商或选择了不合适的外包项目等，都将导致企业 IT 外包战略不能贯彻落实。因此，科学有效的外包决策是成功实施 IT 外包的关键所在。

面对日益复杂的外包环境、飞速发展的 IT 技术和动态变化的企业 IT 需求，企业如何更好地调整外包决策规则、适应外包决策环境，做出科学有效的 IT 外包决策成为 IT 外包研究领域的重要问题。本书正是在这样的现实背景下，关注 IT 外包决策过程的复杂动态性，从新的理论视角——复杂适应系统（complex adaptive system，CAS）理论，融合交易成本理论和资源基础理论，采用多种理论相互补充的研究途径，运用文献分析、实证调查、网络层次分析及多主体建模等方法与工具，深入分析 IT 外包决策过程中的关键影响因素，构建多阶段 IT 外包决策模型，重点研究 IT 外包采纳决策、IT 外包模式设计和 IT 外包实施方案选择等，

并基于 Repast 平台对 IT 外包决策进行模拟与仿真研究，以期在 IT 外包决策的理论研究上有所突破，并帮助企业提高 IT 外包决策的科学性和有效性。

## 第二节 问题提出与研究意义

### 一、问题提出

决策贯穿于企业 IT 外包的整个生命周期，本书关注 IT 外包决策过程的连续性和复杂性，主要研究问题包括以下几个。

**1. 分析 IT 外包的内涵、发展趋势及 IT 外包决策复杂动态性**

随着 IT 外包的不断发展，IT 外包的内涵和外延在不断扩展和延伸，IT 外包与一般的外部采购有哪些区别？IT 外包与其他业务外包存在怎样的不同？IT 外包发展现状和未来趋势如何？IT 外包决策是否可以等同于"自制还是外包（make or buy）"？IT 外包决策包含哪些决策任务，又具有怎样的特征？这些问题都是本书研究的基本问题，即深入分析 IT 外包的内涵、发展趋势，界定本课题研究的 IT 外包决策概念，系统分析 IT 外包决策的多阶段性、多层次性和复杂动态性等特征是本书研究的切入点。

**2. 关注 IT 外包决策的过程性和复杂性，基于 CAS 理论视角，融合交易成本理论和资源基础理论，研究 IT 外包决策过程模型**

IT 外包决策始终伴随着外包的整个发展过程，企业在不同的外包阶段面临不同的决策任务和决策环境。那么 IT 外包决策具有怎样的复杂适应性？如何分析 IT 外包决策的过程性？本书从 CAS 理论这一新的视角，整合交易成本理论和资源基础理论，综合考虑交易成本、企业 IT 缺口及其 IT 应用的战略重要性等 IT 外包关键驱动要素，将企业决定是否 IT 外包作为外包决策逻辑分析的起点，剖析企业 IT 外包决策发起阶段、设计阶段、实施阶段和评价阶段中的决策主体、决策任务、决策环境等方面的不同特征，构建 IT 外包决策过程模型。这是本书的理论构建部分。

3. 调查分析企业 IT 外包决策过程的关键影响因素，研究 IT 外包采纳决策模型

近年来，我国 IT 外包市场呈现明显增长趋势，有哪些因素影响着企业决定采纳外包？现有文献多以欧美、日本、韩国、我国台湾等国家和地区的企业为样本进行分析，而以中国大陆企业为样本进行研究的相关成果比较鲜见，那么我国企业的信息化发展背景、IT 基础设施建设基础等方面都有别于其他国家，这是否会对我国企业的 IT 外包决策产生影响？本书将基于前期构建的 IT 外包决策过程模型，在文献分析的基础上设计 IT 外包决策影响因素指标，利用调查（survey）研究方法，通过结构性问卷调查和企业访谈相结合的方式，获取企业 IT 外包决策的相关信息，进行统计分析研究，以考察企业 IT 外包决策的影响因素，并验证企业 IT 外包采纳决策模型。这是本书研究的重点之一。

4. 研究 IT 外包模式设计，深入分析 IT 外包模式的关键维度及其相互作用关系

IT 外包的发展拓展和延伸了 IT 外包的理论内涵和外延，现代 IT 外包并不仅仅是指将企业原有的 IT 资产或活动的"外部化"转移过程，也包含企业直接进入 IT 外包活动，拒绝"内部化"的过程。那么有必要从外包战略实施层面，将这两种不同的 IT 外包实施方案进行分析。企业如何确定 IT 外包范围、如何选择外包商？这两者之间存在怎样的联系？本书将在调查实证研究的基础上，从企业信息化发展阶段、企业所处行业的 IT 关联程度两个关键维度来考察企业 IT 缺口、IT 应用的战略地位对企业外包实施方案的影响；应用 ANP 网络层次分析原理，系统分析企业 IT 外包范围决策的关键维度，考察它们之间的相互依存和相关影响关系，并分析 IT 外包范围决策与 IT 外包商选择之间的相互作用关系。这也是本书的重点研究内容。

此外，对 IT 外包决策实施过程中关键影响要素、外包绩效评价中存在的多主体也进行了分析。

5. 应用多主体仿真平台，模拟分析企业 IT 外包决策过程触发机制和路径依赖问题

基于 CAS 理论中的"刺激—反应"模型，分析企业决策主体所处的决策状态，探索 IT 外包发起阶段外包决策的触发机制（triggers mechanism）、企业 IT 外包商选择及其外包绩效评价的动态变化过程，探究 IT 外包决策的路径依赖性；基于多主体建模思想，构建 IT 外包决策多主体仿真模型，应用多主体仿真平台 Repast 进行模拟实验研究。

## 二、研究意义

IT 外包决策是企业实施 IT 外包的核心问题之一。从 IT 外包发展过程的视角来看，IT 外包决策过程包括决定是否 IT 外包、IT 外包设计、IT 外包实施和 IT 外包评价四个不同阶段，每个阶段都有相关的决策主体和特定的决策环境，上一阶段的决策行为会对下一阶段的决策产生影响。决策主体在不同的决策环境、决策状态下具有不同的决策规则，从而产生动态变化的决策行为，因此研究企业 IT 外包决策过程中的复杂动态性是揭示 IT 外包复杂决策问题的关键。

本书从 CAS 理论这一新的理论视角，综合已有研究成果和相关理论基础，系统分析企业 IT 外包决策过程中不同阶段对外包决策行为的影响因素，考察 IT 外包决策过程中各参与决策主体、决策环境及两者之间的相互作用关系，探究 IT 外包过程中企业决策行为的递进和变化，试图构建 IT 外包决策过程多阶段决策模型，以期在 IT 外包决策理论的研究方面有所突破。同时，预期研究成果对提高企业 IT 外包的成功，提升企业整体 IT 能力和核心竞争力，实现企业的持续性发展也具有尤为重要的现实意义。

# 第三节　研究内容与研究方法

## 一、研究内容及章节安排

本书关注 IT 外包决策的过程性、连续性和复杂动态性，从新的理论研究视角——CAS 理论，整合交易成本理论、资源基础理论等相关研究成果，采用多种理论相互补充的研究途径，构建多阶段 IT 外包决策模型，重点研究了 IT 外包采纳决策、IT 外包设计模式，分析了 IT 外包实施与评价，并基于 Repast 平台进行了 IT 外包决策模拟与仿真研究。研究结果能够为企业科学有效实施 IT 外包提供决策理论依据和决策方法指导。本书研究逻辑框架如图 1.1 所示。

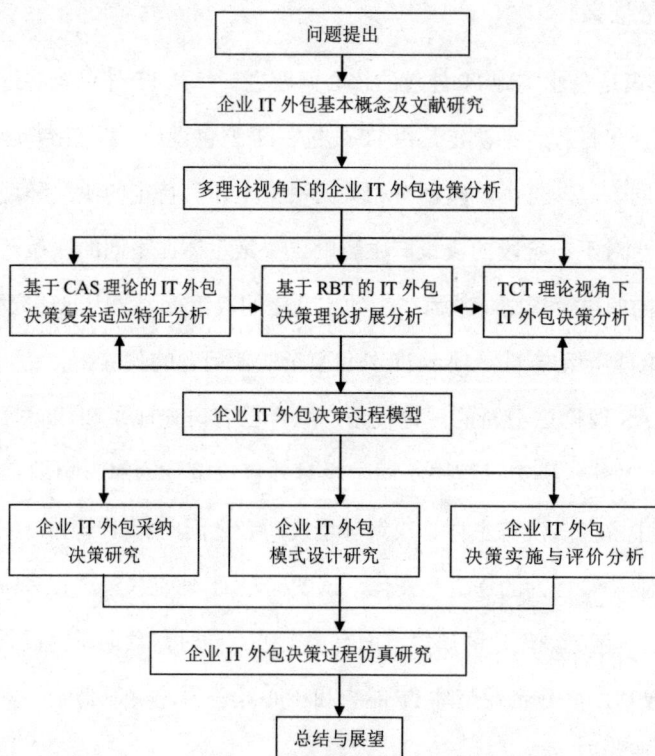

图 1.1　本书研究逻辑框架

## 二、研究方法与技术路线

本书综合运用文献分析、实证研究、规范研究及实验研究等研究方法。

### 1 文献分析

确定研究主题和纳入文献分析的入选标准和排除标准，通过检索和整理国内外相关理论（复杂适应系统理论、交易成本理论和资源基础理论等）、相关文献的研究成果（外包、IT 外包、决策分析文献等），获取文献分析数据，评价入选文献的质量，并进行资料摘录，进一步对结果数据进行汇总合并的统计分析，形成文献分析的结论，进行理论构建。

### 2. 实证研究

选择已经实施 IT 外包和准备实施 IT 外包的企业作为调查对象，收集影响企业 IT 外包决策的相关数据，识别企业 IT 外包决策过程中的影响因素。同时，与典型 IT 外包企业的高层管理者、IT 主管和 IT 员工座谈，深入了解不同 IT 外包环境下决策主体的外包行为。

### 3. 规范研究

系统分析 IT 外包模式设计的关键维度及其相互依存关系，构建 IT 外包范围决策 ANP 模型，应用超级决策 SD 软件，结合企业外包实例分析以验证模型的有效性和实用性。

### 4. 实验研究

基于多主体建模思想构建 IT 外包决策仿真模型，应用 Repast 仿真平台，对不同类型企业（决策主体）IT 外包采纳决策的触发行为、企业 IT 外包商选择及其外包绩效评价的动态变化过程进行仿真研究，进一步验证和完善企业 IT 外包决策模型体系。

围绕研究内容与目标，从理论研究和应用相结合的角度，采用如图 1.2 所示的技术路线。

界定研究对象与问题

文献分析，企业IT外包决策理论与模型构建
- 复杂系统理论、交易成本理论、资源基础理论准备
- IT 外包、外包决策、决策分析等相关文献分析

**实证研究**

调查问卷设计

小规模预调查

问卷完善与正式调查

问卷回收与统计分析

部分典型企业访谈

**规范研究**

系统分析决策问题

构建 ANP 网络层次模型

应用 SD 软件实例分析

模型完善？　N

Y

验证理论与模型构建

**实验研究**

仿真模型建立与调整

满意？　N

Y

多主体模拟仿真试验运行

试验可靠度分析

可行？　N

Y

整理研究结论

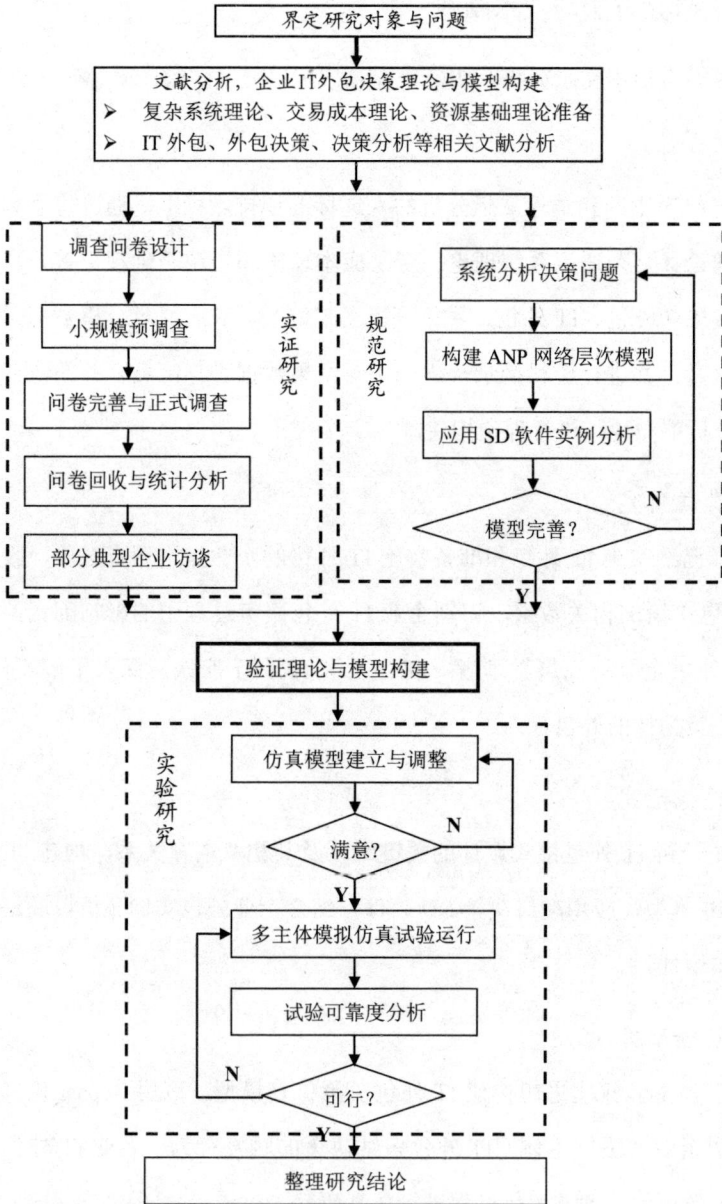

**图 1.2　技术路线示意图**

# 第四节 创新点

本书关注企业 IT 外包决策的过程性、连续性和复杂性，弥补了现有 IT 外包理论中对外包过程中决策主体、决策环境和两者之间的相互作用关系的变化，所导致的外包决策行为的递进和变化等的研究不足。从 CAS 理论这一新的视角，融合交易成本理论和资源基础理论，研究 IT 外包决策过程模型，主要创新点如下。

（1）采用多种理论相互补充的研究途径，从 CAS 理论视角，深入剖析了 IT 外包决策的复杂适应特征，以及决策主体与外包环境之间不断相互作用的递进关系；整合 TCT 和 RBT 的外包决策分析框架，从资源属性对竞争优势的限制层面，进一步扩展了 RBT 的外包理论框架，并在此基础上构建多理论视角下的 IT 外包决策过程理论框架。尤其是将 CAS 理论引入 IT 外包决策过程的研究中，在目前的文献研究中尚未发现类似的研究成果，这一研究成果向深入考察 IT 外包决策主体、决策环境及两者之间的复杂相互作用关系提出了新的理论模型和分析框架，对 IT 外包决策的理论研究具有一定的创新。

（2）应用调查法以中国大陆企业为调查分析样本，融合 TCT 和 RBT 的理论研究视角，抽取出企业 IT 外包决策的影响因素和关键维度，实证研究了企业 IT 外包采纳决策模型。这一研究结果弥补了现有文献中缺少中国企业 IT 外包实证研究的不足。与已有实证研究不同的是，信息化发展的迫切需求是驱动中国大陆企业采纳 IT 外包决策的关键因素之一，IT 外包的发展为中国企业信息化建设提供了新的思路和模式。本书的实证结果表明，企业 IT 缺口是驱动企业采纳 IT 外包决策的关键因素，IT 应用的战略地位和 IT 外包成本影响着企业通过外包来获取补充性 IT 资源填补 IT 缺口的决策行为，同时行业 IT 关联程度和信息化发展阶段的交互作用产生了不同类型的 IT 缺口，并对 IT 范围选择具有显著的影响作用。

（3）提出了多维度 IT 外包模式设计分析框架，重点分析 IT 外包模式设计的关键维度及其相互依存关系，构建 IT 外包模式设计 ANP 模型。与现有的 IT 外包决策模型相比，本书构建的 ANP 模型不再将决策系统的元素和元素组的关系考察局限于上下级层次间的递进分析，对于它们之间的相互影响和相互依存关系进行了深入剖析，更加符合企业决策者实际决策过程中对相关决策因素的考察和分析，同时应用专业 SD 决策软件对 ANP 模型进行了实例分析，进一步验证了该模型的有效性和实用性。

本书分析了 IT 外包范围决策与 IT 外包商选择之间的相互作用关系，提出 IT 外包范围选择影响着 IT 外包商关系模式的选择和外包商的评估准则，并给出了 IT 外包商选择流程和具体的外包商评估准则。这一分析结果进一步表明了企业 IT 外包决策过程中各决策阶段的连续性和关联性，即研究 IT 外包决策要选择外包发展的过程视角。而本书归纳出两类外包实施方案——替代型 IT 外包和放弃型 IT 外包，进一步扩展了现代 IT 外包的理论内涵，这一研究结果弥补现有文献中对上述两类 IT 外包实施方案研究的不足，为企业合理选择 IT 外包实施方案提供了相应的理论依据，具有一定的研究视角新颖性。

（4）应用多主体仿真平台模拟研究 IT 外包决策行为在研究方法上具有一定的创新性。本书基于 CAS 理论的"刺激—反应"模型构建了 IT 外包采纳决策触发机制模型，分析了企业 IT 外包商选择及其外包绩效评价的动态变化过程，设计了仿真主体属性和行为规则，基于 Repast 多主体仿真平台对 IT 外包决策触发行为、外包商选择与评价的动态变化过程进行了模拟试验，对仿真结果进行了系统分析，发现决策主体所处的行业类型和信息化发展阶段对企业 IT 外包采纳决策的触发行为存在显著相关关系，进一步验证了企业 IT 外包采纳决策模型，同时仿真结果表明企业 IT 外包决策系统具有的历史路径依赖性和关系路径依赖。与现有 IT 外包文献中使用的研究方法相比，本书应用自底向上的多主体建模思想，通过设计仿真主体属性和行为规则，对 IT 外包决策过程的仿真试验研究，能够帮助研究者更好地深入分析和观察 IT 外包决策过程的决策主体和决策环境之间的相互作用关系，仿真过程中对主体行为加入的随机因素，能够更好地描述主体决策过程的复杂动态特征，为研究 IT 外包决策提供了新的研究方法和思路。

# 第二章 基本概念及文献研究

在大量的国内外文献检索和系统的文献分析基础上，本章一方面从 IT 外包起源和发展出发，描述了 IT 外包理论研究的现实背景，并归纳出 IT 外包的发展趋势；在深入分析 IT 外包理论内涵的基础上，界定了本书的研究对象——企业 IT 外包决策，剖析了 IT 外包决策特征。另一方面对国内外 IT 外包文献进行了概括描述和对比分析，分析了 IT 外包决策的研究现状，指出现有研究的不足和本书研究的创新视角。

## 第一节 IT 外包的概念及特征

几十年前，计算机系统开始应用于商业领域，企业的信息系统就开始外包给一些信息系统提供商。从那时起，虽然各种形式的信息系统外包一直存在于各种领域，但是直到 20 世纪 90 年代，IT 外包服务才作为一种专业服务慢慢盛行。

### 一、IT 外包的起源

早期的 IT 外包可追溯到 20 世纪 60 年代初，由于很多客户负担不起昂贵的大型机系统，就对其采用了被称为"分时操作"（time sharing）或"处理服务"（processing service）的外包形式，这是 IT 外包的第一次浪潮。在这期间具有代表性的外包事件是 1963 年 Electronic Date System（EDS）与 Blue Cross of Pennsylvania（BCP）签订的数据处理服务外包协议，BCP 将其数据处理中心整体外包给 EDS，其中包括 BCP 数据处理部门的 IT 员工也一同外包至 EDS（Dibbern Jens et al., 2004）。在 IT 外包的早期，这是大型企业第一次将包括 IT 员工在内的整体数据处理中心交给外包商来管理，并提供 IT 服务。

20 世纪 60 年代后期至 70 年代，随着微型计算机的出现和硬件成本的降低，企业逐渐开始拥有自己的计算机，并通过本企业的 IT 部门来控制企业资产和实现业务的集中管理。20 世纪 70 年代，企业开始通过签订合同或协议的方式外包相关的 IT 业务，出现了设备维护外包和运营管理外包等形式。

20 世纪 80 年代以后，由于硬件、软件标准化的快速发展，越来越多的企业开始应用 IT。随着 IT 在企业的应用范围不断扩大、程度不断加深，企业控制从原材料到产品配送的整个产品的研发周期变得十分重要。这一时期，IT 被认为是十分有价值的企业内部职能。这一阶段企业往往会基于各自的偏好和需求，购买标准的设备、系统、应用软件、通信设施等来搭建企业特有的 IT 基础设施，并据此来构建和运营其信息系统。因此这一阶段的 IT 外包发展相对缓慢（Lee, J.N. et al., 2003；Fiona H. Rohde, 2004；托马斯·科恩等，2004）。

20 世纪 80 年代后期至 90 年代，因为出现了个人计算机和 C/S（客户端 / 服务器）计算机技术，所以由 In-house 内部承包完成有关业务成为一种新的趋势。20 世纪 90 年代，由于软件成本增高、全球 IT 人才短缺和对于"千年虫"问题的恐惧等种种因素，外包重新被 IT 管理者纳入视线。

真正引发 IT 外包快速发展的是 20 世纪 80 年代末期的"柯达外包"事件。1989 年柯达公司宣布将自己的四个数据中心外包给 IBM、DEC 和 Businessland 多家 IT 服务商来为其提供运营管理和服务。柯达的这次大宗外包交易涉及金额高达 10 亿美元、外包期限长达 5 年，被认为是 IT 外包发展中的一个分水岭。柯达外包震惊了包括财富 500 强在内的世界各地企业决策层，也推动了 IT 外包的快速发展,柯达外包之后的几年中,欧美国家相继出现了超过100单的大宗外包交易(Vijay Gurbaxani, 1996; Dibbern Jens et al, 2004)。因此,学术界普遍认为,柯达外包事件掀起了 IT 外包的第二次浪潮,将其称为"柯达效应"(Loh and Venkatraman, 1992a; Thomas Kern and Willcocks Leslie, 2000)。

## 二、IT 外包的概念

随着 IT 外包的发展,学术界对于 IT 外包的概念内涵分析也在不断发生变化。学者针对如何界定 IT 外包、IT 外包的内涵进行了深入探讨。国内外众多 IT 外包研究文献对于 IT 外包(或 IS 外包)的概念阐述不尽相同,如表 2.1 所示。

### 表 2.1  IT 外包的概念

| 作者（年代） | IT/IS 外包定义 / 阐述 |
| --- | --- |
| Loh and Venkatraman（1992） | IT 基础设施（infrastructure）所有权或决策权,在不同程度上由一个使用者组织向一个外部组织（如技术厂商或一个系统集成商）的转让。<br>在客户组织内部由外部服务商做出的重要贡献,涉及客户的整体或部分具体 IT 基础设施 / 架构,其中包括物理资源和人力资源在内 |
| Due Richard（1992） | 将部分或全部的组织内信息系统 / 数据处埋硬件、软件、通信网络和系统员工转让给一个外部组织 |
| CSA 英国计算机协会（1993） | 依据合同服务协议,将某项 IT 服务的持续管理责任转嫁给第三方 |
| Lacity and Hirschheim（1993） | 购买以前由组织内部提供的产品或服务 |
| Hu et al.（1997） | 将全部或部分 IS 的运营转包给一个或多个外部 IS 提供商的企业实践 |
| Willcocks L.and Kern T.（1998） | 组织为某种需求,将 IT/IS 资产、资源或活动转交给第三方管理 |
| Thomas Kern and Willcocks L.（2000） | 将组织的 IT 资产、人员和活动,以合同的方式外包或出售给第三方供应商,第三方供应商在约定的合同期限内提供有关资产管理和服务,并获得经济报酬 |

| 作者（年代） | IT/IS 外包定义 / 阐述 |
|---|---|
| Lee J.N.（2001） | 将组织的部分或全部 IS 功能移交给外部的服务提供商，以期获得经济、技术和战略优势 |
| 杨波，左美云和方美琪（2003） | 企业以合同的方式委托信息技术服务商向企业提供部分或全部的信息功能 |
| Lee J.N.（2004） | 将组织的部分或全部 IT 资产、人员和活动委托给一个或多个外部提供商来完成执行。它包括如下任何一种类型或其多种形式的组合：系统规划、应用分析和设计、应用开发、运营和维护、系统集成、数据中心实施、通信管理和维护、软件、硬件产品、设备管理（如 PC 管理）、最终用户支持（如培训）等 |
| Jen Dibbern et al.（2004） | IT/IS 的获得（IS sourcing）是指对 IT/IS 的产品和服务的获得，组织要按照一定的治理结构（包括任务责任、任务委托等）利用一定的相关资源（包括 IT 资产、员工、技术、财物等）通过一系列的 IT 活动，为组织提供相关的 IT/IS 产品和服务，由用外部组织来提供就是外包（outsourcing） |
| Reyes Gonzalez et al.（2005） | 外包意味着与组织内 IT 相关的物理（physical）资源和人力资源要由组织以外专门的供应服务商来提供 / 管理 |

究其原因，这一方面源于学者关注层面和侧重点有所不同，另一方面也映射出 IT 外包实践的不断发展与变化。归纳已有 IT 外包概念，本书将其分为以下三类。

1. 强调 IT 外包的"转让（transfer）"过程

较早的 IT 外包概念出现在 1992 年的 IT 外包研究文献中，Loh and Venkatraman（1992a）认为，IT 外包是"IT 基础设施（infrastructure）所有权或决策权，在不同程度上由一个使用者组织向一个外部组织（如技术厂商或一个系统集成商）的转让（transfer）"。Due Richard（1992）定义 IT 外包为："将部分或者全部组织内部的信息系统和（或）数据处理、硬件、软件、通信网络及有关 IT 员工转让（transfer）给某个外部组织。"他们在界定 IT 外包内涵时不约而同地用到了"转让"（transfer）一词，认为 IT 外包是一种将原有的内部 IT 活动或功能"转让（transfer）"到外部组织的过程。强调 IT 外包这种"转移"过程概念的还有 Lacity and Hirschheim（1995），Hu et al.（1997）。此外，黄伟等（2006）也认为从技术上说，外包可被定义为客户企业把原本在企业内部完成的服务交给其他企业（承包商）完成，并支付一定的费用。

### 2. 关注 IT 外包中的契约关系

第二类是从外包的契约关系层面分析 IT 外包的内涵。Thomas Kern and Willcocks Leslie（2000）界定 IT 外包是"将组织的 IT 资产、人员和活动，以合同的方式外包或出售给第三方供应商，第三方供应商在约定的合同期限内提供有关资产管理和服务，并获得经济报酬"。我国学者杨波、左美云和方美琪（2003）将 IT 外包概括为"企业以合同的方式委托信息技术服务商向企业提供部分或全部的信息功能。"

### 3. 明确 IT 外包的具体范围

第三类是从 IT 外包所涉及的具体范围进行分析。Lee J.N.（2004）阐述 IT 外包为"将组织的部分或全部 IT 资产、人员和活动委扎给　个或多个外部提供商来完成执行。它包括下面的任何一种类型或其多种形式的组合：系统规划、应用分析和设计、应用开发、运营和维护、系统集成、数据中心实施、通信管理和维护、软件、硬件产品、设备管理（如 PC 管理）、最终用户支持（如培训）等。"Reyes Gonzalez et al.（2005）认为 IT 外包"意味着与组织内 IT 相关的物理（physical）资源和人力资源要由组织以外专门的 IT 供应服务商来提供和管理。

上述三类对 IT 外包的界定中，第一类是把 IT 外包视为 IT 活动从企业原有的"内在化（internalization）"转交到外包商的一种"外部化（externalization）"过程，而另外两类学者对 IT 外包的界定则比较宽泛，强调 IT 外包的契约关系和外包活动的具体范围，对企业外包的 IT 范围是否为已有的"内在化"IT 职能或 IT 活动，并没有做出清晰的描述和区分。

综合上述学者对 IT 外包概念的界定，本书认为，IT 外包就是外包客户组织通过合同或契约（contract）的方式，利用外部组织（外包商）来提供组织（外包客户）所需的有关 IT 产品与（或）IT 服务。其中 IT 外包客户组织和外包商，可能是一个或多个；提供的 IT 产品与服务可能是某一种或多种 IT 功能或活动，如数据中心的运营维护、ERP 的实施或系统集成等。而外包双方组织签订的合同，则影响或决定着外包的具体实施目标、期限及外包各方组织间关系等。那么，从本质上分析 IT 外包是企业拒绝相关 IT 产品或服务"内在化（internalization）"的决策过程，外包决策会对整个组织的战略、运营等方方面面带来影响。因此，需要进一步分析 IT 外包的内涵特征。

### 三、IT 外包的特征

"利用外部资源提高竞争优势"是所有外包活动共同的、本质的特征（罗伯特·克莱珀和温德尔·O·琼斯，2003），IT 外包也不例外。但与其他类型的业务职能外包相比，IT 外包还具有一些关键特征。

一方面，IT 外包是企业资源外包的一种，具备了外包活动的基本属性。

（1）IT 外包不同于传统的市场购买。外购是组织的一种惯例行为，是从市场上购买一种通用性产品或服务，如硬件设备或标准软件包，其中并不包含有关资产的转移过程，而外包与企业核心能力的关联程度较强，涉及专用性投资和产品专用性（李小卯、司春林，2000）。因此，外包被认为是组织的一种战略决策行为，包含一定的资产转移或卖出的过程。IT 外包中涉及 IT 资产或活动的转移过程，意味着相关 IT 生产要素所有权、直接的管理责任（direct management responsibility）和决策权也会随之转移到外包商一方。例如，从独立软件供应商（ISV）处购买 ERP 系统，是一种市场购买行为，而将 ERP 的实施过程交给外部组织，则是一种外包活动。

（2）IT 外包是一种中间组织治理模式，它改变了企业的边界。越来越多的文献认为，外包是介于市场（market）和科层（层级）（hierarchies）之间的中间组织治理模式（蔡俊杰和苏敬勤，2005；Tim R. Holcomb and Michael A. Hitt, 2007），这类观点主要从交易成本理论进行分析，将有限理性和机会主义作为理论假定前提，认为每一次交易中由于存在资产专用性、不确定性和交易频次等而产生一定的交易成本，并由此将企业治理结构划分为市场、层级（hierarchy）和混合（hybrids）结构模式。层级治理结构属于纯粹的组织内部治理，与内包（insourcing）相关联；而介于市场和科层之间的混合治理模式与外包相关联。

（3）IT 外包是一种基于契约关系的交换过程。学者从社会交换理论（social exchange theory）分析，认为 IT 外包的潜在内涵是外包客户与服务商组织之间相互约定（agreement）的、持续不断的相互作用和交换，客户获得服务或产品，外包商获得经济回报（Thomas Kern and Willcocks L. 2000）。事实上，可以认为 IT 外包是基于契约关系的一种交换或交易过程，外包关系是基于合同契约基础上的一种交换关系，其核心交换是由具体的契约来规定和保证的，而这种交换关系则明确了外包双方组织间的关系结构。

另一方面，IT 外包还具备了一些自身特有的属性特征。

第一，IT 外包具有多元化和复杂异构性。

从 IT 外包的起源和发展分析，与早期 IT 外包相比，20 世纪 90 年代以后，随着 IT 服务市场的不断细分，IT 外包商的专业服务能力和服务项目不断提高和延伸。为了更好地适应和满足企业的 IT 需求，无论是在外包程度、外包范围还是外包关系、外包商模式等都呈现多元化的特点。

从外包程度来看，IT 外包模式通常按照外包部分预算占总体 IT 预算的比例进行划分，其中超过 80% 的称为整体外包（total outsourcing），位于 20%~80% 的属于选择性外包（selective outsourcing），低于 20% 的是最小外包（Mary C. Lacity and Leslie p. Willcocks, 1998）。从外包 IT 业务范围分析，IT 外包模式可分为 IT 基础设施、维修维护外包、应用服务外包和业务流程外包（Business Process Outsourcing，BPO）（Subramanyam Murthy，2004）。

从外包关系来看，罗伯特·克莱珀和温德尔·O·琼斯（2003）认为，依据外包双方签订的合同关系，IT 外包关系可视为一个连续光谱，其中一端是市场型关系，在这样关系中的外包需求可预先在合同中完全、具体说明，一般合同期相对较短，外包转换成本较低；另一端是伙伴型关系，即外包客户组织和外包商反复签订合同，并建立了长期的互利关系，这种关系中的外包需求变化很大，要求外包商对其提供的服务必须做出相应的调整，外包双方都需要做出相当大的、专门针对双方合作关系的投资；处于中间位置的是中间型关系，在这种关系下，不可能签订一个完备的、能够预料合同期内所有可能发生变化的合同，这意味着占据连续光谱中间范围的关系必须保持或维持合理的协作性，直至外包主要任务的完成。

在外包商模式选择上，包括单一外包商、多外包商等模式，基于外包商—客户安排（Client-Vendor arrangement）的外包模式见表 2.2。另外，近年来出现的基于网络的 ASP 外包模式（Bill Vassiliadis et al., 2006; Thomas kern et al., 2002）和业务流程外包模式（Michael Graf and Susan M. Mudambi, 2005）也得到了研究者的关注。

表 2.2　基于外包商—客户安排的 IT 外包模式

| 外包商<br>客户 | 单个外包商 | 多个外包商 |
| --- | --- | --- |
| 单个客户（single client） | 一对一<br>（simple dyadic） | 一对多<br>（multi-vendor） |
| 多个客户（multiple clients） | 多对一<br>（multi-client） | 多对多<br>（complex relationship） |

IT 外包呈现这种多元化特点，与 IT 外包的组成要素和结构属性直接相关。Ulli Arnold（2000）将外包结构分为四个要素，即外包主题、外包目标、外包服

务商和外包设计。Dibbern Jens et al. （2004） 认为 IT 外包具有四个基本参数，即外包的程度（degree）、模式（model）、所有权（ownership）和期限（time frame）。而 Sara Cullen et al.（2005）进一步分析提出 IT 外包有七方面构成要素，分别为外包范围集合（scope grouping)、外包商集合（supplier grouping)、 财务规模（financial scale)、期限（duration)、价格（price）、资源所有权（resource ownership) 和商务关系（commercial relationship)，这七方面的结构要素不同的参数组合形成了 IT 外包的配置组合结构（configuration）。

本书认为，正是由于 IT 外包具有不同的结构参数配置，才产生了多种类型的外包安排或部署（arrangement），使得 IT 外包呈现复杂异构的特点和多元化 IT 外包模式。

第二，IT 外包具有基于外包安排（outsourcing arrangement）的嵌入性。

在 IT 外包活动的情景下，外包商与客户之间在物理资源和人力资源两个层面，存在着不同程度的内在化（internalization）表现。一方面服务商可以"贡献"自己的 IT 物理资产给客户使用，而某些原本属于客户的 IT 物理资产移交给了服务商使用。另一方面，服务商利用自己的 IT 员工来提供客户需要的服务，有时也雇用那些原外包客户组织中的员工（Loh and Venkatraman, 1992b），那么这种"内在化"的表现，就是外包商在客户组织内部的一种嵌入性。

在不同 IT 外包过程中，外包商对于客户组织的业务活动具有不同程度的嵌入性，从而造成客户组织对外包商具有不同程度的业务依赖或服务依赖。嵌入度可以理解为外包商在外包过程中与客户组织其他业务活动的关联程度，它与外包商所需客户相关知识具有一定的关联性，并随着外包期限长短的变化而变化。例如，基于期限（period-based）的数据中心外包嵌入度要相对低些，而基于项目（project-based）的系统设计／规划、系统集成的外包其嵌入度要相对高一些。

第三，IT 外包具有的复杂性和动态变化性高于其他业务外包。

首先，对外包客户来说，IT 技术的快速更新使得"技术"具有很多"不确定性"，在外包客户定义需求时，很难预测未来长期的需求变化。而 IT 活动、功能与服务的测量难度很大，使得 IT 外包的量化测评、活动监管复杂程度很高。

其次，IT 外包客户组织的"转换成本（switch cost）"很高，客户被锁定（lock-in）机会高于其他外包。由于信息在转换系统时不仅成本很高而且可能丢失，其转换成本通常会随着越来越多的信息进入历史数据库而上升，从而使锁定越来越牢固，这种硬件和软件的高转换成本模式在很多 IT 产品和服务中都广泛存在。

另外，IT 外包中的信息资产不同于物理资产（physical asset），无法在使用中消耗，也不能按照合同关系中规定的全部归还给客户。因此，当一个客户允许外包商进入并管理自己的信息资产时，在某种程度上意味着永久地失去了该信息资产的所有权。

综上所述，本书认为，由于 IT 本身具有独特的资产专用性、不确定性和业务关联性，使得 IT 外包与制造业外包、人力资源外包等其他类型的业务外包相比，具有更多的复杂性和动态变化性。

## 第二节 IT 外包发展现状及趋势分析

### 一、IT 外包的发展现状

回顾 IT 外包近 50 年的发展史，IT 外包经历了前后两次发展高峰期，如图 2.1 所示。第一次 IT 外包浪潮发生在 20 世纪 60 年代，第二次 IT 外包浪潮发生在 20 世纪 90 年代。

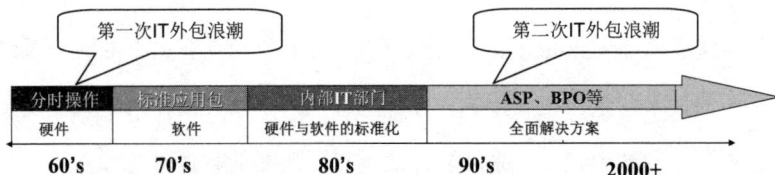

图 2.1 IT 外包发展阶段

20 世纪 90 年代以后，随着信息技术的飞速发展和 IT 产业持续成长，许多大型的 IT 服务供应商都在积极提高自己在 IT 外包服务市场中的占有率。这些 IT 服务商通过扩展其服务价值链，形成了足以涵盖整个 IT 活动领域的外包服务。对于那些本身就拥有信息技术部门的企业，由于其 IT 规模自身不符合规模经济（economic of scale）的要求及其 IT 部门很难实现对企业现有应用系统的转换，这些 IT 专业服务商所提供的外包服务对其颇具吸引力，IT 外包市场不仅在欧美国家得到了快速发展，同时在包括日本、韩国、中国等国家在内的亚洲国家也实现了扩张。

随着 IT 外包市场的不断发展壮大，IT 外包的客户群体和服务商群体也在发生变化。IT 外包客户不再局限于金融、汽车制造、电信、航空 / 航天等与 IT 紧密相关的高端行业，其他行业如零售业、消费品、公共事业组织也开始关注并加入到 IT 外包客户群体中。IT 外包市场所蕴藏的商机，不仅吸引着原有 IT 服务商继续扩大各自的市场份额，同时也吸引了一些新的 IT 服务商进入到这个市场。IT 外包市场中，国际 IT 服务巨头如 IBM、EDS、Accenture（埃森哲）、HP 等，依然占据着 IT 外包市场的主导地位，它们之间的竞争仍在继续；印度软件外包商如 Wipro、Infosys 和 Tata Consultancy Services，几乎垄断了来自欧美国家的软件外包业务；国内也涌现了一批 IT 外包服务商如东软、神州数码、中软国际、海辉等。

IT 外包服务商按照其技术服务背景被划分为五种类型（Michell V. and Fitzgerald G.,1997)。

（1）IT 咨询 / 全面解决方案服务商。服务背景为以 IT 咨询为主，如 EDS、Accenture 等。

（2）系统仓库商（system houses）。这些 IT 外包商具有典型的客户系统设计、研发和实施的技术背景。在今天的软件外包行业内，以美国、日本为主要发包方，而印度、中国等发展中国家的系统软件商承接了主要的软件外包业务。

（3）硬件服务商。硬件服务商是指那些原来以提供 IT 硬件为主要业务后转入

IT 服务市场的外包商，如 IBM、HP 等。由于 IT 硬件的利润空间不断下降，这些 IT 硬件商开始调整企业战略转到外包服务市场。对于他们而言，强调外包可以包括 IT 技术相关的任何一种服务，目的是提升硬件的商品性，垂直向上整合 IT 服务。

（4）分拆出来的 IT 部门。这些从一些大型组织剥离出来的 IT 部门，迅速成长为独立的 IT 外包商。由于具有特定行业的技术、知识优势，这些外包商擅长提供垂直的行业外包服务。

（5）一般外包商。没有鲜明的技术背景，主要提供 IT 基础设施的技术支持、人员管理、桌面帮助等一系列外包服务。

此外，进入 21 世纪后，出现了基于网络（Internet 或虚拟专用网）为客户提供所需要的 IT 产品或服务的 xSP 外包商，并由此产生了新的 IT 外包模式。

20 世纪 90 年代以来，IT 的飞速发展使 IT 服务商能够不断提升其服务能力，一种新的基于网络的计算能力实现了信息集中处理与存储的管理模式，使得用户通过简单的终端即可实现信息的访问，IT 外包市场出现了一种新的 IT 外包模式——应用服务提供商（application services providers，ASP）。它是指通过网络以一对多的方式向客户提供标准化的应用软件、相关管理及咨询的租赁服务模式，托马斯·科恩等（2004）把 ASP 这种依托网络面向客户提供产品与服务的外包模式称为网络外包（netsourcing），认为这是一种面向企业业务提供服务的全新交付机制，是一种业务租用或"按用付费"，能够实现业务应用的集中管理。

如果说 ASP 的出现为 IT 外包增添了新型的服务交付模式，那么业务流程外包则是与客户组织业务流程密不可分的、高度相关的 IT 外包模式。Gartner 将 BPO 定义为将一个 IT 赋能的业务流程委托给第三方，它按照一整套定义好的方法来拥有、管理和操作业务流程。BPO 区别于传统 IT 外包的主要特点在于，外包商控制了与业务流程、人力资源和技术等相关的所有层面，是一种更为先进的 IT 外包模式（Fiona H. Rohde，2004）。随着 ASP、BPO 等新兴 IT 外包模式的出现与发展，IT 外包的范围、程度正在逐渐扩展延伸，并在模式上呈现多元化的特点。

## 二、IT 外包发展趋势分析

IT 外包经历了近 50 年的发展，从早期的分时操作和处理服务到今天基于 ASP 模式的网络外包和 BPO 模式，IT 外包的形态在不断发生变化，IT 外包模式呈现多元化的特点，IT 外包市场中客户组织群体和服务商组织群体也在呈现多种不同的格局。本书从 IT 外包的形态、重要性和复杂性变化，对 IT 外包的发展趋势展开分析。

### 1. IT 外包形态变化——从传统外包到现代外包

从 IT 外包的发展历程来看，可以将"柯达外包"看作 IT 外包发展的分水岭，把 IT 外包发展阶段划分为早期传统外包和现代外包两个阶段。第一阶段是 20 世纪 60 年代到 20 世纪 80 年代初期的 IT 外包，这一阶段的 IT 外包驱动来源于外包客户企业自身的成本利益追求，企业通常自己制定 IT 项目，控制和拥有清晰明确的 IT 资产所有权，常选择基于 IT 项目的外包。我们把这一阶段的 IT 外包称为早期传统 IT 外包。

第二阶段 20 世纪 80 年代末和 90 年代初至今的 IT 外包，属于现代 IT 外包。与早期的传统外包不同，这一阶段的组织管理者更多关注的是 IT 带来的效率和效果，而不是组织 IT 基础设施在技术上有多么先进；对于 IT 资产所有权的控制和拥有，也不再局限于外包客户企业一方，出现了外包双方共有或外包商拥有等多种所有权形式。现代 IT 外包服务商提供的服务种类、服务模式在不断增加，IT 外包的范围在其深度和广度方面也在逐渐增加和扩大，如 IT 人员和资产的整体外包、BPO 和 ASP 等。

### 2. IT 外包重要性变化——从"权宜之计"到"战略措施"

在 IT 外包发展 40 多年的历程中，不仅在形态上从传统外包演变到现代外包，而且 IT 外包在企业中的战略地位，受到组织关注的程度也经历了一个明显的转变过程。从一个从不被关注、认为是企业对自身运营不佳的独立信息系统采取的权宜之计，到将其作为企业实现成本降低的工具，现代越来越多的企业将外包视为一种战略选择，通过 IT 外包来获得高质量的服务、优厚的财务回报和新业务的拓展（杨农，2003）。IT 外包的战略地位不断提高，IT 外包已经成为一种新的 IT 治理模式，并逐渐演变为组织战略的重要组成部分。

3. IT 外包复杂性变化——呈现多元化、网络化特点

IT 外包发展到今天，其外包范围、程度和模式都发生了不同的变化。IT 外包范围在不断扩大，涵盖了从 IT 的咨询、规划、项目管理到系统集成、设计、开发、实施，再到运营维护、基础设施建设和硬件产品购买等一系列的 IT 相关活动。同时 IT 外包程度逐渐延伸到与客户组织密切关联的业务流程外包 BPO，而外包客户与外包商组织之间不再局限于一对一、一对多的关系，多对一和多对多外包关系使得外包呈现网络化；再加上不断发展的软件离岸外包、IT 巨头领导的全球性外包等，使得 IT 外包必然受到不同国家地域文化、政治等因素的影响。这一切都表明，IT 外包呈现出多元化、网络化的特点，赋予了 IT 外包更多的复杂性。多元化的 IT 外包模式、网络化的 IT 外包组织关系及跨国家地域的全球化 IT 外包趋势使得 IT 外包愈加复杂多变。正如 William R. King（2005）所说："外包变得越来越复杂。"

# 第三节　IT 外包国内外研究概述

纵观国内外 IT 外包文献，学者对 IT 外包的研究包罗万象，关注议题几乎涵盖了 IT 外包的整个生命周期。IT 外包文献研究经历了讨论"自制还是外购"（make or buy）、分析外包动机和原因、外包的范围（scope）到研究外包绩效"（performance）、影响外包成功因素再到外包合同管理、外包关系管理等涵盖了 IT 外包整个生命周期的研究主题变化。本节从文献检索和文献分析的角度，对国内外 IT 外包文献进

行了概况描述，并从研究历史、研究主题、研究方法等方面对比分析国内外 IT 外包文献研究现状。

## 一、国内外 IT 外包文献研究概况

通过文献检索和文献分析，可以发现，学术界对于 IT 外包的研究几乎是伴随 IT 外包实践的不断发展而变化。尽管 IT 外包的实践可追溯到 20 世纪 60 年代，但最早研究 IT 外包文献发表是在 1988 年（Owen M., Aitchison D., 1988）。20 世纪 60—70 年代 "IT 外包"（IT outsourcing）一词并未出现在相关文献中，国外学者把早期的 IT 外包用 "设备管理外包"（facilities management outsourcing）和 "系统集成外包"（systems integration outsourcing）来称谓（Reyes Gonzalez et al., 2006）。真正引起学术界的关注是从 Loh and Venkatraman（1992a）研究 "柯达效应"开始的，因此学术界认为 IT 外包是一种从业者驱动现象（practitioner-driver phenomenon）（Dibbern Jens et al, 2004；Loh and Venkatraman, 1992a,1992b）。

20 世纪 90 年代以来，国内外 IT 外包文献呈明显增长趋势，其中值得一提的是，在国际重要学术期刊（SCI 或 SSCI 刊源）上发表的 IT 外包学术研究文献逐年上升，1995 年以前为 35 篇，1996 年至 2000 年为 40 篇，到了 2001 年至 2005 年上升至 56 篇。经检索中文学术期刊 CJFD 数据库统计分析，国内最早的 IT 外包文献始于 1998 年（李小卯等，1998），1998 年至 2003 年发表的 IT 外包学术论文数量不足 30 篇，到了 2004 年至 2007 年已经达到 48 篇之多。可以看出，IT 外包正逐渐成为学术界关注的热点。

## 二、国内外 IT 外包文献研究比较分析

在已有的 IT/IS 外包文献中，Jens Dibbern et al.（2004）、Reyes Gonzalez et al.（2006）以国际重要期刊发表的 IT/IS 外包论文为文献分析源，对 IT 外包文献进行了综述研究，给了我们很大的帮助和启发。Jens Dibbern et al.（2004）的分析范围是 2000 年以前的 84 篇期刊论文，Reyes Gonzalez et al.（2006）分析了包括

2005 年以前的 131 篇期刊和部分会议论文。基于 Reyes Gonzalez et al.（2006）、Jens Dibbern et al.（2004）的文献分析结果，作者从研究历史、研究方法、研究主题内容三方面对国内外 IT 外包文献研究进行了比较分析。

（1）研究历史：国外最早的 IT/IS 外包文献发表在 1988 年，文献研究至今有 19 年。通过对中文期刊论文库的检索统计发现，国内较早研究信息技术外包的文献发表在 1998 年（李小卯等，1998），文献研究仅有 9 年之久。与国外相比，我国学术界对 IT 外包的研究起步较晚，但随着近几年国内 IT 外包市场的升温，学术界对 IT 外包的研究呈明显增长的态势，尤其是从 2004 年开始，文献数量增幅较大。

（2）研究方法：国外 IT 外包文献的研究方法以实证研究为主，所占比例为 63.4%，而理论研究为 36.6%。其中，1995 年以前实证研究和理论研究的文献数量持平，从 1996 年开始至今，实证研究文献数量明显高于理论研究文献。尽管近几年国内 IT 外包文献研究数量明显增加，但文献研究方法多为理论类研究，实证研究文献则很少。在本书检索分析的 75 篇期刊论文中，仅有实证研究文献 2 篇，分别是吴锋和李怀祖（2004）通过案例研究了知识管理对 IT 外包成功的影响，张硕毅和张维婷（2005）问卷调查分析了 IT 外包服务商的选择评价模型。

（3）研究主题：国外 IT 外包文献研究经历了从早期讨论"自制还是外购"、动机 / 原因、外包的范围（scope）到研究外包的绩效（performance）、影响外包成功的因素，再到外包合同管理、外包关系管理等这样的一个涵盖了 IT 外包整个生命周期的研究主题变化（Lee et al., 2003）。根据 Jens Dibbern et al.（2004）的分析，从研究视角来看，国外文献基于外包客户视角的文献数量（100 篇）明显高于外包商视角的文献数量（33 篇）。研究分析外包原因的文献主要集中在 1992—1997 年，其后文献数量逐渐减少，表明国外文献对外包原因 / 动机的研究趋于成熟。对外包风险、外包决策的研究一直得到关注，文献的数量变化波动不大。近期出现新的研究主题集中在 ASP、全球外包（global outsourcing）和基于服务商视角等方面。

就文献中 IT 外包具体范围的分析，一般类 IT 外包文献占主要（101 篇），关注软件研发外包（18 篇）与 ASP 应用（11 篇）则相对较少。

国内 IT 外包文献研究从最初的理论引进介绍到后来的理论应用研究，研究主题也在发生变化。我们对国内 IT 外包文献按照研究主题进行了归类分析，如表 2.3 所示。

表 2.3  IT 外包中文期刊论文研究主题分布

| 研究主题 | 文献数量（百分比） |
| --- | --- |
| 一般理论研究及应用 | 34（45.3%） |
| 决策研究（外包项目选择、供应商选择等） | 16（21.3%） |
| 风险研究 | 13（17.4%） |
| ASP | 3（4%） |
| 过程 | 2（2.7%） |
| 知识管理 | 3（4%） |
| 原因 | 1（1.3%） |
| 绩效 | 2（2.7%） |
| 控制机制 | 1（1.3%） |

可以发现，一般 IT 外包理论研究及应用 34 篇，其中理论综述类 4 篇，如黄伟等（2006）、杨波等（2003）、李小卯等（1998）、吴大刚和靖继鹏（2007）；一般理论分析 4 篇；IT 外包的应用研究 26 篇，其中企业类应用 14 篇、金融银行业应用研究 8 篇、档案管理应用 3 篇、高校应用 1 篇。

IT 外包决策研究 16 篇，主要包括外包项目选择决策模型、外包商选择评价及决策过程的影响因素等方面，如江兵等（2002）、康飞等（2007），曾华和王恒山（2006）；评价决策方法主要采用 AHP，如王建军和杨德礼（2006）、戚力等（2003）；模糊综合评价，如王欣荣和樊治平（2002）、陈帅（2005）、周柏翔等（2006）。

IT 外包风险研究 13 篇，以分析可能出现的风险因素、提出控制防范风险的策略为主要内容，如李小卯（2002）、张成虎等（2003）、张云川（2005）、娄策群和林菡密（2006）等。

其他的研究主题分布为 ASP 研究 3 篇，如常丹和王金银（2005）、武芳和严丽芳（2002）；IT 外包的过程管理 2 篇，如左美云等（2003）；知识管理 2 篇，如吴锋和李怀祖（2004）；外包原因两篇，如于立和刘慧兰（2006）；绩效两篇，如席代昭和范体军（2007）；控制机制 1 篇（杨波，2005）。

综上分析，国内 IT 外包文献理论研究以介绍整理国外研究成果为主，缺乏实证研究；研究主题相对零散，分布较为集中的是 IT 外包决策、IT 外包风险两个主要领域。因此，国内 IT 外包的学术研究仍处于起步阶段。

# 第四节　IT 外包决策概念及过程分析

## 一、决策科学研究范式概述

在现代管理科学中，对决策常有两种理解：一种是狭义理解，另一种是广义理解。狭义理解认为，决策就是做出决定，仅限于对不同行动方案做出最佳选择；广义理解，则是将决策看作一个过程，为实现某一特定系统的预定目标，在占有信息和经验的基础上，根据客观条件，提出备选方案，应用科学的理论和方法，进行必要的判断、分析和计算，按照某种决策规则或准则，从中选出合理和满意的决策方案，并对该决策方案实施检查，指导目标实现的全过程。Simon H.A.（1959）从认知心理学视角，对决策内涵加以阐述，他认为决策是具有决断能力的主体在不确定、复杂的动态情境下，当决策问题超越了行为主体认知加工能力范围时，对行动目标与方案的搜索、判断、评价直至最后选择的全过程。

决策科学的研究范式被分为标准化范式（或规范性范式）、描述性范式和进化论范式（J.Edward Russo, 1998），如图 2.2 所示。

标准化范式　　　　　　描述性范式

自我与他人的理性
推理的硬科学原则
数学与逻辑
完整而充足的信息
均衡论

认知能力的有限性
推理的软科学模式
非量化和启发性
社会性与影响力
不断学习达到完善

成本与利益
的交易
效用的受益

对当前环境的适应
在行为上的变化
反馈与结果
对未来不明确条件的适应能力

进化论范式

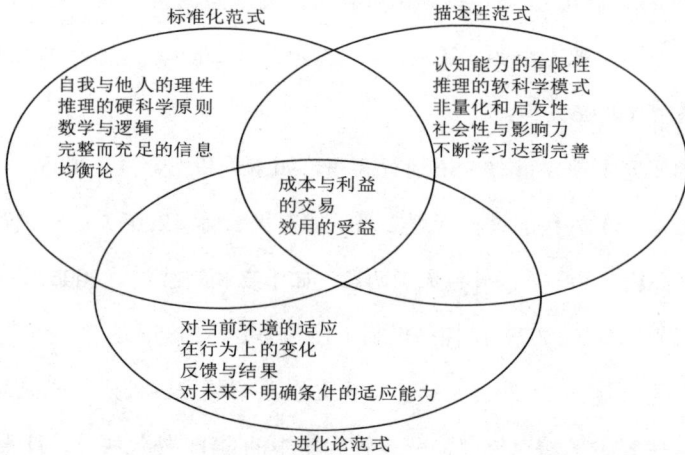

**图 2.2　决策研究的三种范式及其相互关系**

（来源：J.Edward Russo et al.,1998）

标准化范式的研究目标是建立最优化或完全理性的、普适的决策模型，这类模型主要以定量化的形式出现，一般与建立多属性效用模型有关，其中的重要因子是主观效用，或决策者的效用，体现了理性决策的原则，常与经济学、统计学、工程技术等学科相联系。

描述性范式与之相反，仅仅试图对真实的决策者的决策行为做出描述性的说明，并一步一步地描述实际的认知与思维过程，描述性范式与心理学、政治学和社会学等学科相联系。

进化论范式研究决策主体如何实现对当前环境的适应，表现在行为上的变化，如何对环境进行反馈，提高对未来不明确条件的适应能力。Simon H.A.（1981）多年来一直主张适应性决策的思想，即物种适应的是特定的任务环境（task environment），而不是整个生活环境。按照 Simon 的这个思路，决策科学就是要知道决策者在心理上如何适应他们的任务环境。即一方面要对环境进行系统分析，另一方面要对决策主体如何适应某种特定的任务环境进行分析。那么这种决策适应性的思想与复杂适应系统 CAS 理论中主体与环境的适应性在理论研究思路上不谋而合。决策适应性是指在实现目标的过程中,决策主体需要对决策行为不断进行调整,即适应性变化,包括对不同决策情景的适应和对动态决策过程的适应两种情况。

本书认为,研究 IT 外包决策要基于一种外包过程的全局视角,通过对以上三种决策研究范式的交叉综合应用,深入分析 IT 外包决策过程,来解决 IT 外包决策问题。

## 二、IT 外包决策概念的界定

每种 IT 外包都有自己的生命周期(Volker Mahnke et al., 2005)。典型的 IT 外包发展过程,包括外包活动识别、选择外包商、构建合同、监控和测评外包活动、外包关系管理等不同的外包发展阶段。从合同角度来看,包括外包合同前、合同实施和后合同阶段,如图 2.3 所示。在 IT 外包的每一个发展阶段,都包含着不同的 IT 外包决策问题:企业采纳 IT 外包决策(是否要外包),选择哪些 IT 活动或 IT 项目外包(外包什么)、如何确定外包商和外包模式(外包给谁)、构建外包合同、管理外包关系、监管和测评外包活动(如何实施外包),以及如何评价 IT 外包的绩效(是否继续外包)等,即从企业决定采用 IT 外包到进行外包设计再到外包实施和外包评价等不同发展阶段都存在外包决策问题。

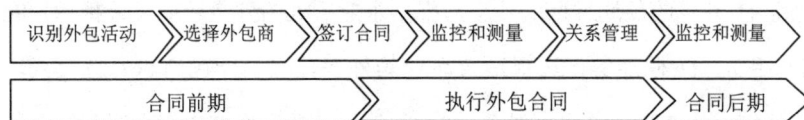

| 识别外包活动 | 选择外包商 | 签订合同 | 监控和测量 | 关系管理 | 监控和测量 |

| 合同前期 | 执行外包合同 | 合同后期 |

**图 2.3 外包发展过程示意图**

可以看出,IT 外包决策贯穿于 IT 外包的全过程,研究 IT 外包决策问题不仅要解决企业是否选择外包或是外包哪些 IT 活动的决策问题,更要从整个外包发展过程的视角关注如何实现外包目标的过程问题。也就是说,对 IT 外包决策的研究要从外包发展过程的视角而不能仅仅停留在某一个决策环节或决策点上。

本书认为，IT 外包决策是企业为实现特定的外包预期目标，根据企业的外包环境、IT 需求等客观条件，按照某种决策规则／标准，进行企业 IT 外包模式设计（选择外包范围、外包商等），确定 IT 外包实施方案，并对外包活动的执行过程进行管理、监督和评价，以实现企业外包目标的整个过程。

## 三、IT 外包决策过程分析

从所界定的 IT 外包决策概念可以看出，本书所研究的 IT 外包决策不仅针对企业是否选择 IT 外包或选择哪些外包范围、外包商等这些单一的决策问题，而是从外包发展过程的视角来考察 IT 外包决策的复杂动态特征。从企业开始准备 IT 外包到企业设计具体外包方案，再到企业进入外包合同实施阶段直至最后完成外包项目进行评估，确定下一步外包行为，在不同的 IT 外包发展阶段，企业外包决策参与者、决策条件、决策任务、决策对象和决策情景等在不断变化。本书将企业产生 IT 外包意图作为整个外包决策过程的起点和初始阶段，由此展开对 IT 外包决策的分析，认为 IT 外包决策过程具有多阶段、多层次和复杂动态性。

### 1. 多阶段性

从 IT 外包的发展过程来看，企业实施 IT 外包面临着复杂的、连续的多项选择问题。首先，决策主体要根据企业战略和 IT 发展需求，分析外包的可行性，并确定企业 IT 外包的预期目标；其次，根据企业所处的外包环境，分析识别企业外包的 IT 活动、IT 职能等，选择适合企业的外包范围、外包商和外包模式，制定具体的外包设计方案；再次，对企业的 IT 外包方案实施过程进行监督、指导和评估，帮助企业实现 IT 外包目标，并最后决定企业外包合同期满后下一步的外包行为终止或继续等的全过程。

因此，从时间序列分析，每个 IT 外包决策过程都可以用这四个阶段加以描述，如图 2.4 所示。IT 外包决策过程分解成互相联系的四个阶段：预外包决策阶段（pre-outsourcing decision stage）—外包发起阶段、外包设计决策阶段

（outsourcing design decision stage）—外包关键结构要素组合阶段、外包决策实施阶段（outsourcing decision implemention stage）—外包合同执行阶段、外包决策评价阶段（outsourcing outcome evaluation stage）—外包后合同阶段。

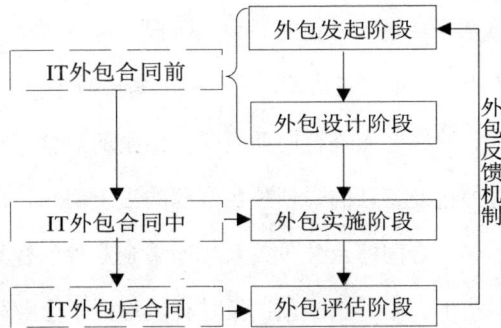

**图 2.4　IT 外包决策过程多阶段描述示意图**

IT 预外包阶段是指企业开始有外包的意图，准备实施外包的决策阶段。在这一阶段，企业决策主体主要分析企业 IT 外包的可行性，关注企业 IT 外包的关键驱动要素、外包战略预期目标等，因此，这一阶段是外包决策的发起阶段。这一阶段中，外包的关键驱动要素、外包战略预期目标等将影响下一阶段的外包决策行为，分析影响企业采纳 IT 外包的关键影响要素，研究外包决策的触发机制（trigger mechanism）成为外包发起阶段的主要决策问题。

IT 外包设计阶段，即企业进行识别和确定外包项目、选择外包商、签订外包合同等外包模式设计过程。具体来说，在这一过程中，企业需要确定 IT 外包的关键结构组成，包括外包的范围集合、外包商集合、财务规模、期限、外包价格、资源所有权、商务关系（commercial relationship)，这些具体的外包结构参数组合形成了 IT 外包配置结构（IT outsourcing configuration）。因此，这一阶段是决定整个 IT 外包结构属性和组合特征的关键阶段。

上述两个阶段是外包合同执行前阶段，外包实施阶段则是企业进入外包合同的执行阶段。在这一阶段，企业开始接受外包商提供的有关 IT 产品和服务，是外包发展中的核心阶段，外包设计阶段的所有外包设计意图都会在这一阶段得到实施和检验，管理外包关系、监控外包合同的实施、外包绩效测评等成为这一阶段的主要管理决策活动。

外包评价阶段是企业进入外包的后合同阶段，即企业要对外包活动进行绩效评估，来决定企业的下一步外包决策行为。由于每一项 IT 外包活动都是具有一定期限的，因此，企业始终会面临合同期限即将结束的后合同时期。在这一期间，企业要最终决定与外包商签订的一项外包合同的去留问题，即延续、修订合同继续外包关系，还是终止合同停止外包关系。如果企业外包行为继续发展的话，这一阶段也包含了企业下一个外包的预决策过程，形成了企业外包决策的环路反馈机制。综上所述，IT 外包决策是一个多阶段的连续决策过程。

## 2. 多层次性

IT 外包决策过程中决策参与者具有多层次性。企业进行 IT 外包决策的过程中，存在多个决策参与者，IT 外包决策过程中涉及的参与者包括企业高层决策者、IT 部门主管、IT 项目实施小组、相关业务部门和最终用户等。此外，IT 外包中还存在第三方咨询机构——IT 外包专业顾问等。这些参与者根据各自的决策权力和决策角色分布在不同的决策层面。从决策权力层面来看，IT 外包决策过程中涉及的参与人员分为三层：IT 外包高层决策者（CEO、CIO 等）、中层执行者（IT 部门主管）和基层操作者（IT 员工）。从决策角色分析，IT 外包决策参与者包括以下三类。

（1）外包决策发起者——最早产生外包意图的人员、团队或部门，是 IT 外包的发动机和驱动器，影响着外包战略、外包预期目标的制定，是 IT 外包发起阶段的关键决策主体。

（2）外包决策信息加工处理者——对 IT 外包相关的决策信息进行收集、分析、加工整理，并形成企业 IT 外包决策的关键信息，是 IT 外包决策的信息部门、参谋或顾问，负责提供外包设计方案，是 IT 外包设计决策阶段的关键决策主体。

（3）外包最终决策者——是最后拍板的决策者，最终决定外包决策面临的各项选择，通常是企业的高层管理者。在 IT 外包决策的整个过程中，这些最后拍板者的外包意图、外包态度等，直接影响着外包设计方案的制定、实施执行和评价过程。

通过上述分析可以看出，IT 外包决策的多层次性表现在决策参与者的决策角色和决策权力的多层次性。IT 外包涉及的决策参与者根据各自不同的利益和目标，完成各自的决策任务，这也意味着决策参与者之间相互作用对决策环境产生影响，并受到决策环境的影响。

### 3. 复杂动态性

IT 外包是一类典型的企业外包类型，比其他业务外包类型更具复杂动态性，在前面分析 IT 外包特征的基础上，本小节进一步从外包内涵和企业的 IT 应用两个层面展开分析。

(1) 从外包内涵特征分析。

①外包决策不同于传统的市场采购决策，由于外包过程中会涉及企业相关的 IT 资产转移和一些专用性投资等，这种 IT 资产或活动的转移过程，意味着相关 IT 生产要素所有权（ownership）、"直接的管理责任"（direct management responsibility）和决策权也会随之转移到外包商一方。因此，外包决策与传统的市场采购决策相比，决策主体要考察权衡的相关决策因素更为复杂。

②IT 外包决策将影响和改变企业的边界。即 IT 外包作为这样一种中间组织治理模式，它将直接影响和改变企业的边界。

③外包决策是企业战略决策的重要组成部分。IT 外包是组织的一种战略决策行为，包含一定的资产转移或卖出的过程。正确评价企业的资源缺口，从外包市场获得所需的补偿性资源，能够帮助企业合理开发利用资源。因此，可以说，企业从决定采纳 IT 外包开始，意味着外包客户企业要进入并管理一个长期或短期的

外包关系中，与一个或多个自治的外包商企业主体（autonomous agent）产生相互沟通、协调和监督等外包合作行为。

⑵ 从企业的 IT 应用角度分析。

从企业的 IT 应用角度分析，可以将 IT 外包决策的复杂动态性归结为以下几个层面。

① 决策任务的复杂性。由于 IT 活动与企业业务活动紧密结合在一起，企业发展过程中业务活动的不断变化导致对 IT 的需求是动态变化的，而 IT 本身所具有的不确定性、专用性和业务关联性等特征，使得企业对 IT 外包活动的影响很难实现准确估计。

② 决策的不确定性和风险性。IT 外包客户企业的一些相关 IT 资产（战略地位重要程度不等）将"暴露"（exposing）给外包商进行控制和管理，对外包商绩效产生某种依赖关系。具体来说，依据不同的外包合同关系，外包商的嵌入程度也相应不同，从而导致客户组织对外包商的依赖程度不同。而外包决策的信息不对称、外包商的机会主义和一些 IT 外包活动和项目较高的"转换成本"等因素导致 IT 外包决策具有较高的不确定性和风险性。

③ 决策主体的个人特征（如偏好、风险等）。在企业实施 IT 外包的整个发展过程中，随着企业外包行为的递进，企业决策主体与内外环境发生互动，决策态势不断变化。由于决策主体的知识背景、偏好、风险感知等因素的影响，为企业进一步的决策行为选择不断提出新的挑战。

④ 决策环境复杂多变。IT 外包的发展演进会带给企业更为复杂多变的外包环境（William R. King, 2005）。从传统形态 IT 外包到现代多元化、网络化的 IT 外包，从企业追求缩减成本的工具到企业战略选择的重要组成部分，IT 外包的范围、程度在不断增加和扩大。现代 IT 外包具有的多元化模式、复杂异构性和嵌入性等特征使得企业面临着更加复杂多变的外包决策环境。

在实现 IT 外包目标的过程中，企业这一外包决策主体需要根据不同的外包决策环境和决策对象等，不断调整企业的外包决策行为。可以说，在 IT 外包不同的发展阶段，IT 外包决策主体、决策环境及两者之间的复杂相互作用关系，影响和决定着企业 IT 外包的决策行为。由此，我们认为 IT 外包决策是一个多阶段、多层次、复杂动态的连续决策问题。

## 第五节 IT 外包决策研究综述

### 一、IT 外包决策研究现状

构建定性和定量的决策模型帮助企业合理决策实施外包，一直是学术界广泛关注和研究的主要问题之一。在已有文献中，学者从不同的研究视角构建了 IT 外包决策模型，其中以识别、选择、评价 IT 外包候选项目的决策模型为主，而运用 AHP/PROMETHEE、模糊综合评价方法对候选的外包项目进行评价和排序是 IT 外包决策建模的主要方法。

Willcocks L. P. et al.（1999, 2005）主张将 IT 视为一组资产组合（portfolio），通过两个维度考察可能外包的信息系统职能，即具体分析一项 IT 活动对"竞争优势"和"业务运营"的贡献程度，来帮助识别外包的候选项目，并基于此建立了选择性外包分析矩阵。Lacity Mary C. et al.（1996）认为选择性外包与整体外包相比，外包风险低，外包成功率较高。

Chyan Yang、Jen-Bor Huang（2000）从管理、战略、技术、经济、质量五个层面，利用 AHP 方法分析 IT 外包候选项目决策问题。王建军和杨德礼（2006）发展了 Chyan Yang 等人的研究，增加了风险因素作为评价准则，构建了两阶段的决策评价模型，即利用 AHP 构建 IT 外包项目选择问题的层次结构与评价准则权重，利用 PROMETHEE 偏好顺序结构评估法确定 IT 外包项目的排序。王欣荣和樊治平（2002）、陈帅（2005）采用模糊多属性决策方法，将多个 IT 外包决策者的离散意见通过模糊数学运算，转化为某一方案的综合意见，对 IT 外包候选外包职能进行排序。

Hafeez K. et al.（2007）基于资源基础理论，分析企业如何决策要外包的非核心资产和能力，认为企业资源包括实体资产、智力资产和文化资产，把"独特性"和"集合性"作为考察企业资源和能力的重要属性，并据此构建了四阶段的双重 AHP 分析决策模型，即规划识别企业能力—应用 AHP 评价独特性和集合性—能力的决定性因素—应用 AHP 评价核心资产。

Dong-Hoon Yang et al.（2007）具体分析了 BPO 业务流程外包的决策，将"期望""风险"和"环境"作为准则层，而"成本缩减、关注核心能力和灵活性""信息安全、失去控制、劳工联盟和道德问题""外包商服务质量"分别作为子准则层因素，构建了 AHP 的分析结构模型。

Ojelanki、Noel（1999）基于交易成本理论建立了 IT 外包决策的数学模型，认为 IT 外包总成本包括基于市场估计的信息处理加工服务成本、组建成本（set-up cost）、监控与协调成本和转换成本，通过计算 IT 外包的成本和收益来分析外包商带给客户的价值和收益。Adiel Teixeira de Almeida（2007）基于多属性效用函数和 ELECTRE 级别高于关系方法，从成本、服务交付时间和可靠性三个层面分析外包合同问题，构建了多属性的外包合同选择决策模型。

此外，席代昭和范体军（2007）综合应用层次分析法、Delphi 法、灰色理论和模糊数学理论，提出了 ADGF 集成方法来分析 IT 外包决策问题。

## 二、IT 外包研究述评

在已有的研究中，学者主要是针对 IT 外包过程的某一阶段决策问题展开了相关研究。一方面，学者从不同的层面和视角，分别针对是否采用外包、外包项目选择和外包商选择的决策问题，考察了在 IT 外包发展过程中不同阶段的影响因素。这些影响因素归纳起来，包括经济因素（交易成本、生产成本），战略因素（IT 战略性角色、企业总体战略），企业专有特征因素（企业规模、行业的 IT 关联性、外包目标、外包经验），制度因素，社会因素（行业网络特征、信任、沟通），IT 活动特征（资产专用性、不确定性、所需技能）等。另一方面，学者针对识别和选择候选外包项目、外包商选择构建了不同视角的 IT 外包决策模型，主要采用多目标、多属性决策分析方法，包括 AHP、模糊综合评价、多属性效用函数和 ELECTRE 级别高于关系方法等。

由于 IT 外包决策是贯穿于 IT 外包的整个生命周期，随着企业外包行为的发展，IT 外包决策主体面临着决策环境、决策目标和决策规则的不断变化。相应来说，IT 外包决策行为不断递进。企业在 IT 外包决策过程中，不仅需要判断是否 IT 外包、识别和选择外包项目或活动，还要进一步抉择外包商模式、外包合同、外包期限等外包安排和部署，可以说，外包决策过程是一个多阶段、连续性的决策过程，不能割裂对待。因此，研究企业 IT 外包过程中的决策问题必须关注决策的连续性、过程性和复杂动态性。

而现有文献研究中，对 IT 外包决策过程中，随着企业外包行为的发展，各参与决策主体、决策环境和两者之间相互作用关系的变化，所导致的外包决策行为的递进和变化等复杂动态性，尚未引起学者的广泛关注，相关的研究成果并不多见。

从研究 IT 外包的相关理论层面分析，现有的理论研究视角包括经济、战略和社会等，主要的理论有交易成本理论、资源基础理论、社会学理论等。然而 IT 外包所具有的战略重要性和管理决策复杂性，如果仅以一种经济或战略理论视角来研究 IT 外包，显然具有一定的理论局限性，应用多种理论视角相互补充的研究途径被认为是解决 IT 外包这一复杂决策问题的新途径（Martin Hancox and Ray Hackney, 2000; Saggi Nevo et al., 2007）。

近年来，已有国外学者开始关注这方面的研究，出现了类似的研究成果。Boonlert Watjatrakul（2005）、Kyle J. Mayer and Robert M. Salomon（2006）提出交易成本理论和资源基础理论可以互为补充来研究 IT 外包，前者考察了 IT 外包中的资产专用性问题，而后者则把能力的动态性引入到交易成本理论中，主要考察了外包过程中能力、合同危害和治理之间的作用关系，认为技术能力的动态性影响着外包过程中的交易成本。因此，采用多种理论相互补充的研究视角是研究 IT 外包复杂决策问题的有效途径和方法。目前尚未发现国内学者有类似的研究成果。

## 第六节 本章小结

综上分析，IT 外包决策贯穿了 IT 外包的整个生命周期，影响着 IT 外包的成功实施，是 IT 外包研究领域的核心问题。由于 IT 外包决策具有多阶段性、层次性和复杂动态性，使得我们对于 IT 外包决策的研究不能仅仅停留在某一环节上，而要从外包发展过程的视角进行分析；而应用某一种理论无法全面刻画 IT 外包这一复杂决策问题，采用多理论视角相互补充的研究途径，成为研究 IT 外包决策的新的理论思路。

# 第三章
# 多理论视角下的企业 IT 外包决策分析框架

本章在第二章对 IT 外包决策概念、决策过程等基本问题进行系统分析和相关文献综述的基础上，关注 IT 外包决策问题的连续性、过程性和整体性，从复杂适应系统理论这一新的理论研究视角，采用资源基础理论和交易成本理论等多种理论互补的研究途径，深入分析 IT 外包决策过程关键要素，构建 IT 外包决策过程模型。

## 第一节 外包决策的理论研究视角

研究 IT 外包的理论分析框架是多层面、多维度的，可以将其归纳为三个主要理论分析框架（Lee and Kim, 1999；Popper and Zenger, 1998）。

基于经济视角，主要关注与交易相关的双方协调、经济代理人的治理等，包括交易成本理论（transaction cost theory, TCT）、委托—代理理论（agent theory）。基于战略视角，主要关注企业如何开发和实施相应战略来达到组织目标。包括博弈论（game theory）、资源基础理论（resource-base theory, RBT）、资源依存理论（resource dependcy theory）和战略管理理论（strategic management）。基于社会视角，关注外包过程中存在于个人、团体和组织之间的关系。包括社会交换理论（social exchange theories）、创新理论（innovation theories）、权力政治理论（power politics theories）和关系理论（relationship theories）。

其中，交易成本理论和资源基础理论是研究 IT 外包的两个重要理论基础，本书将融合这两个方面的理论研究成果，构建多理论视角下的 IT 外包决策过程模型。为此，本节总结归纳了 TCT 和 RBT 理论视角下的 IT 外包决策分析框架。

## 一、交易成本理论视角下的 IT 外包决策

在过去的 25 年里，交易成本理论成为学者研究外包的主要理论基础（Tomás F. Espino-Rodríguez1 and Víctor Padrón-Robaina, 2006），涌现出一批应用交易成本理论（transaction cost theory，TCT）研究 IT 外包决策的实证研究成果（如 Ang and Straub, 1998; Benoit A. Aubert et al., 2004; Eric T.G. Wang, 2002 等）。

### 1. 交易成本理论概述

交易成本理论，也称交易成本经济学（transaction cost economics），解释了为什么企业会存在，如何决定企业的边界等问题。对交易成本理论做出突出贡献的两位经济学家是 Coase 和 Williamson。Coase（1937）是交易成本概念的提出者和理论的奠基人，Williamson（1985）则扩展了交易成本的概念和基本框架，并最终使交易成本理论成为一个独立的经济分析框架。

交易成本理论的构建基于两种行为假定，即有限理性（bounded rationality）和机会主义行为（opportunism）。有限理性是由诺贝尔经济学奖获得者西蒙提出，是指人们无法对所有可能的决策结果做出合理评估，从而导致认知上的限制。有限理性表明人们在交易过程中所签订的合同势必是不完备的，而不完备的合同又势必会为机会主义行为留下空间，并由此产生了不同程度的不确定性。机会主义行为是一种"损人利己"（self interest seeking with guile）的追求私利的行为

（Williamson, 1985），即人的任何行为（包括投资和投机行为）都是出于利己主义，它的直接后果就是导致交易无法顺利完成或达到最优。

基于有限理性和机会主义行为这两种行为假定，将直接导致交易双方的信息不对称。交易双方占有的信息不对称，则无法在交易过程中共享信息，实现自己的战略目标。为了在交易中获得最大利益，卖方将隐瞒产品的负面因素，而买方也不会轻易暴露他们的出价。由于双方都认为对方具有一定机会主义行为，每一方都将努力进行一系列的信息搜寻活动，如购买前的产品试用，或者从其他组织那里获得产品的担保证书等来保护自己等，而所有这些活动都将产生一定的交易成本。交易成本理论认为，经济组织的问题就转化为：基于有限理性同时保护自己避免机会主义的危害来组织交易使其更经济（Williamson,1985）。

交易成本是 TCT 的基本分析单位，资产专用性（asset specificity）、交易频次（transaction frequency）和不确定性（uncertainty）是 TCT 用来刻画一项交易的三个关键维度。TCT 认为，不同的交易属性产生了不同的交易成本，由此产生了组织的不同治理模式即企业科层（hierarchy）、市场（market）和混合（hybird）模式，而 TCT 把在这些不同治理模式中经济活动的分配 / 选择（allocation）视为一种决策变量。

交易成本理论主张效率原则即交易成本最小化，其隐含的假定为预期收入是给定的，只要比较不同治理模式的交易成本就可以选择最佳模式。交易成本理论认为，组织选择一种治理模式时，试图追求其成本最小化。当交易成本低时会选择一种市场的治理结构，因为由于市场存在着规模经济，其产品和服务的成本较低。相对应地，当交易成本高时，会选择内部治理模式。一旦高的交易成本发生，那么市场的生产价格优势就要降低。

因此，TCT 理论的核心部分是关注如何减少"敲竹杠"（hold-up）的问题（李小卯，2002），并认为这一问题依赖于交易代理人的认知及一项交易关键维度的识别。敲竹杠是指交易者在不完全契约下从交易合伙人所进行的专用性投资中寻求准租的一种后契约机会主义行为（Klein J. et al., 1998）。交易成本理论被扩展来分析组织和市场之间由合同关系产生的经济问题，分析的基础是建立交易关系的成本，以及与资源获取决策（sourcing decision）相关的治理结构。

### 2. 基于 TCT 的 IT 外包决策分析框架

外包是将组织的某些活动移交给外部组织，用以替代内部的生产。按照交易成本理论的逻辑分析，企业 IT 外包决策的关键因素是对交易成本的考察，即外包决策依赖于对相关交易成本和生产成本的比较分析。因此，测量 IT 功能和活动的交易成本和生产成本是 IT 外包决策的关键分析条件。

简言之，所谓交易成本是指当交易行为发生时，所随同产生的信息搜寻、条件谈判与交易实施等的各项成本。Williamson（1985）将交易成本分为事前和事后两大类。事前交易成本包括相关商品信息和交易对象信息等的搜寻成本，取得交易对象信息与和交易对象进行信息交换所需的信息成本，针对契约、价格、品质讨价还价的评估、谈判成本、签约成本和保障契约等成本。事后交易成本包括对交易实施过程中的监督交易对象是否依照契约内容进行交易的成本，如追踪产品、监督、验货等控制、监督成本、协调交易关系成本、转换交易对象成本等。Benoit A. Aubert et al.（2004）认为 IT 外包总成本包括：第一，可从市场估计的信息处理服务成本；第二，创建（set-up）合同成本，包括寻找外包商、谈判费用、合法费用和其他与制度相关的劳工责任等相关成本；第三，监控和协调外包商活动的成本，包括外包员工和设备；第四，转换成本，即当外包效率低或外包失败时更换外包商的成本。

TCT 认为影响一项交易的关键维度包括资产专用性（asset specific）、交易频次（transaction frequency）和不确定性（uncertainty）。其中资产专用性是区分交易性质的重要标志。不同资产具有不同的专用性，人们就有不同的交易行为，从而存在不同的交易成本。

交易频次即交易的偶然和重复发生的次数。在现有的文献中，有很多学者实证研究表明（如 Malz A., 1994; Anderson E., 1985; Rindfleisch and Heide, 1997），交易频次对企业治理模式选择并没有明显的影响关系。在资产专用性较低的情况下，无论是偶然交易还是重复发生的交易次数对企业治理结构选择都没有影响。也就是说，在这两种情况下都不存在"敲竹杠"问题。当资产专用性高时，偶然性和重复发生的交易次数也没有产生明显的影响。

已有文献研究表明，交易频次对外包交易成本没有显著影响，有学者主张在考察外包交易属性时应主要关注资产专用性和不确定性（Boonlert Watjatrakul, 2005; Eric T. G. Wang, 2002）。Benoit et al.（2004）认为影响外包交易成本的因素可归结为三个方面：

（1）执行交易所需资产的专用性程度。

（2）交易的不确定性。

（3）最初交易的关键投资和剩余权力的分配。Tim and Michael（2007）主张从资产专用性、小规模谈判和技术的不确定来考察战略外包的交易成本。

综合上述研究，本书将外包交易成本的关键维度归结为资产专用性和不确定性，而不考察交易频次对外包决策的影响。

第一，资产专用性（asset specificity）。

交易成本理论中的资产被定义为企业中任何有价值的方面，包括场地（site）、实体资产（physical asset）、人力资产（human assset）或某种特定资产（a dedicated asset）。（Williamson, 1985）资产的类型是多变的，可以是制造产品所需的机器设备，或者是提供服务所需的知识，也可以是方便与其他组织进行交易的适合场地 / 地域等。其中有些资产可以通用，而有些资产只能用于一些特定的使用中，这就意味着该类资产具有一定的专用性，可以说资产的专用性是相对于资产的通用性而言的。例如，从计算机外包商那里购买打印纸和通用的计算机配件就没有涉及资产专用性，而由外包商开发和运营的一个建立在专有知识基础上的，并且对企业运行很关键的系统，就涉及了大量的资产专用性。

由此可以看出，资产专用性是指支持特定交易的资产可转让性。具体而言，资产专用性是"指在不牺牲其生产价值的前提下，某项资产能够被重新配置以作其他替代用途或是被替代使用者重新调配使用的程度"（Williamson, 1991）。

Williamson（1999）将资产专用性分为五类：

（1）专用地点，开发某一特定地理位置所特有的一些资源或资产。

（2）专用实物 / 有形资产，特定设备、软件、人员及数据所特有的技术优势；

（3）专用人力资产，与特定的人员或机构不可剥离的知识。

（4）特定用途资产（根据特定用户的紧急要求特意进行的投资），由于双方交易所产生的特有的、提供即时服务优势的特殊资源或能力。

（5）品牌资产的专用性。

资产的专用性程度可以用资产成本和资产二次使用时的最佳价值的差别来衡量。实质上，资产专用性意味着为某一特定的交易而做出的持久性投资，它一旦形成便很难转移到其他用途上去，即一旦投资于某一领域就会锁定在一种特定形态，若再作其他用途，其价值就会贬值。因此，专用性资产一旦投入，若不能发挥作用，其价值就不可能全部收回，即产生所谓的"沉没成本"或"不可挽回的成本"。

投资一项资产的"专用性"越高，就越难从一种用途转移到另一种用途，在特定交易中具有的不可替代性越强，从而容易导致某种"锁定或套住（lock-in）效应"并会产生敲竹杠问题。因此，也有学者认为资产专用性的实质是一种套住效应（张维迎，1996）。一旦关系专用性投资做出，在一定程度上就锁定了当事人之间的关系，契约关系就会发生"根本性转变"，事前的竞争就会被事后的垄断所替代，从而导致要挟或敲竹杠的机会主义行为发生。

因此，为了避免外包交易中高资产专用性所带来这种"敲竹杠"问题，企业应该采用内部治理结构（如科层）。而当外包交易涉及的资产专用性低时则不容易产生"敲竹杠"问题，企业会选择交易成本低的治理模式，即外部市场化。

第二，不确定性（uncertainty）。

一般来说，所有的交易都是不完全信息下完成的，或者说交易双方所占有的信息通常并不对称，那么交易双方事前无法完全了解各自所需产品或服务的真实信息，交易双方通过契约来保障各自的利益。由于交易双方存在的有限理性和机会主义行为，人们无法完全事前预测，使得交易具有一定的不确定性。交易的不确定性通常是指交易过程中各种风险的发生概率。交易不确定性的升高会伴随着监督成本、议价成本的提升，使交易成本增加。

不确定性通常包括行为不确定和环境不确定。行为不确定是指交易双方会使用各自的诡计（guile）产生一定的隐藏成本，使得交易执行的效率和效果不高，同时势必会提高监控成本，从而产生一系列的绩效评估问题。为避免行为不确定所带来的高昂交易成本，组织会选择内部治理结构来使交易成本最小化。

环境不确定是指环境动态变化损坏了组织预测未来产出的能力，使得签订的合同势必不完整，不完备的合同无法涵盖变幻莫测的环境，从而给交易伙伴带来了机会主义倾向，使得在谈判、沟通、协调中的成本增加，而当随机可变性因素过多，则无法签订合同完成交易。由此，组织面临环境不确定性很高，会选择内部治理模式。

综上分析，基于交易成本理论建立 IT 外包决策分析框架时，交易成本是影响 IT 外包决策的核心变量，而资产专用性、不确定性是决定交易成本的关键要素，如图 3.1 所示。TCT 主张 IT 活动或功能中所包含的资产专用性程度高、具有的不确定性高应保留在企业内部，当 IT 活动不依赖于专用资产、行为和环境的不确定性低时选择外包。

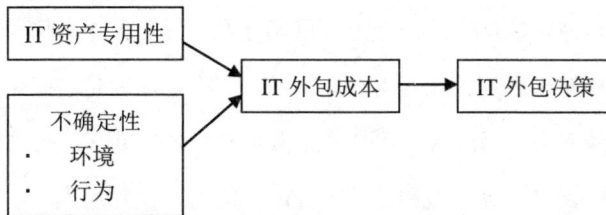

图 3.1　基于交易成本理论的 IT 外包决策分析框架

## 二、基于资源基础理论的 IT 外包决策

基于交易成本理论对 IT 外包决策的研究主要集中在经济层面，忽略了组织行为的其他方面对 IT 外包决策的影响，从战略层面考察 IT 外包决策是外包研究中的另一个主要研究视角。

### 1. 资源基础理论概述

资源基础理论（resource-based theory，RBT）是 20 世纪 80 年代以来，以 Wernerfelt B.（1984）、Barney J. B.（1991，2001）、Peteraf M.A.（1993）、Grant M. R.（2001）为代表的一批学者，在 Penrose 研究《企业成长理论》的基础上，逐渐发展完善起来的一种战略管理理论。资源基础理论主要关注的问题是：为什么企业之间会有差异？它们是怎样实现和维持其竞争优势的？与迈克尔·波特的产业分析理论为代表的企业竞争优势外生论不同，RBT 被认为是企业竞争优势内生论。企业竞争优势外生论关注企业市场和产品的组合，把企业竞争优势归结为企业所处的市场结构和市场机会，认为决定企业盈利能力的首要和根本因素是产业吸引力。因此，选择一个合适的产业是企业获得竞争优势的关键。而 RBT 将研究视角从企业外部转向企业内部，认为以"资源"代替"产品"的思考角度进行战略决策对企业而言将更有意义。

RBT 视企业是一组资源和能力的集合，认为企业不同的资源集合形成了企业的不同特征，产生了不同的竞争优势。Grant（1991）强调资源作为分析单元，企业通过配置这些资源产生组织能力，以创造竞争优势。他们认为，这些企业专有的特殊能力根植于组织的流程中并提供经济回报，原因是这些企业能比其竞争者更有效地配置资源。Barney（1991）提出企业资源包括其掌握的所有能帮助其制定和实施战略，以提高效益和效率的资产、能力、组织流程、信息和知识等要素。他把资源分为三类，物理或实体资产（physical capital）、人力资产（human capital）和组织资产（organizational capital），并认为资源的异质性（heterogeneity）和非完全流动性（immobility）能给组织带来竞争优势。

　　资源的异质性（heterogeneity）是指与其他企业资源之间的差异和不同，非完全流动性（immobility）是指其他企业获得该资源的难度和不易获取性。具有异质性的资源不可完全流动是持续竞争优势的源泉，而资源的"隔离机制"（isolating mechanisms）是其具有不可完全流动性的重要原因。Barney（1991）认为资源的"隔离机制"（isolating mechanisms）是由特定的历史条件（unique firm history）、因果模糊性（causal ambiquity）和社会复杂性（social complexity）引起，而这三个特性交互作用，使资源形成更大的模仿障碍，从而阻碍竞争者的模仿，防止资源的流动。企业正是依靠自身特殊的资源与能力的积累和培养，形成持续竞争优势。

　　▲ 特定的历史条件（unique firm history）：一个企业特定的历史条件是其他企业所无法复制的，其重要性和作用被称作"李嘉图言论"（Ricardian argument）。

　　▲ 因果模糊性（causal ambiquity）：因果模糊性发生在某种资源和竞争优势之间的联系难以理解时。也就是说，这种模糊性存在于某种资源如何形成持续竞争优势，而这种模糊性又会使得竞争对手很难复制该资源或模仿资源的配置活动。假如一个企业理解和识别了某种资源如何及为什么能带来持续竞争优势，那么竞争者就会跟随模仿获得这些资源，比如雇用关键员工、密切观察企业投入和产出结果等。

　　▲ 社会复杂性（socail complexity）：是指存在于企业内外部的各式各样关系（multifarious relationship），包括企业内部、企业与企业之间、企业与利益相关者（如股东、供应商、客户等）之间，这些关系的复杂性不仅给企业带来管理上的困难，更形成了资源的难以模仿性。典型案例如 Wal-Mart 的物流管理系统。

　　Barney（1991）认为，企业利用独特的资源可获得竞争优势，而能够产生持续竞争优势的资源必须具备价值性（valuable）、稀缺性（rare）、难以模仿（imperfectly imitable）和不可替代性（not strategically substitutable by other resources）。具有这些特性的资源是非常广泛的，如独特能力、无形资源、组织文化、信任、管理技能、人力资源、信息技术等可以成为竞争优势的来源。Barney（2001）进一步探究了新古典经济理论、演化经济理论和资源基础理论三者对竞争优势的理论地位，认为资源基础理论提供了一种更全面的视角分析研究资源的配置、安排和部署等。

由此可以看出，资源基础理论的最基本假定是资源是异质的、非完全流动地分布在组织中，而资源积累和配置的过程会产生资源禀赋、资产所有权的异质性和提供可持续发展竞争优势的来源。企业的资源和能力是 BRT 的分析单元。

### 2. 基于 RBT 的 IT 外包决策分析框架

资源基础理论的核心逻辑在于其揭示了资源对组织获取持续竞争优势的作用，其本质问题是企业如何利用最小的投资获得和维持独特的资源，而这种资源的独特性对于企业的运营和产品等至关重要（Conner, 1991; Grant, 1991）。RBT 为我们研究外包决策提供了重要的理论基础，即 RBT 能够更好地解释组织的持续竞争优势来源于哪些核心资源和能力，哪些组织活动必须实现内在化（internalization）。

越来越多的研究表明（Grant, 1991; Mahoney and Rajendran, 1992），企业的资源管理不仅要关注内部已经存在的资源，更要开发和获取更多的外部资源。由于企业现有的内部资源与能力和实际所需的资源和能力并不匹配，即产生一定的资源和能力缺口，企业为了实现战略目标，从外部获取资源来填补自身资源的缺口是必要的。通过与外部供应商之间的协作，企业能够增加当前的资源池（resource pool）和扩展自己内部的能力，并获得更多的战略机会，而外包为企业获取补偿性资源提供了一种战略选择，并由组织为获取持续竞争优势所面临的内部资源短缺所产生的不断增加的管理压力所驱动。

由此，资源基础理论为企业在外包决策考察其关键的资源和能力，提供了一种有效的分析框架，如图 3.2 所示。当组织的某项功能、活动或业务流程的绩效低于预期或实际需求水平时，即产生了一定的资源缺口，而外包是利用外部机会来获取补偿性资源的一种战略模式，识别企业的资源缺口是进行外包决策的战略基础和关键。当我们将这一分析框架应用到 IT 外包研究中，识别企业的 IT 资源和 IT 能力缺口则成为关键。

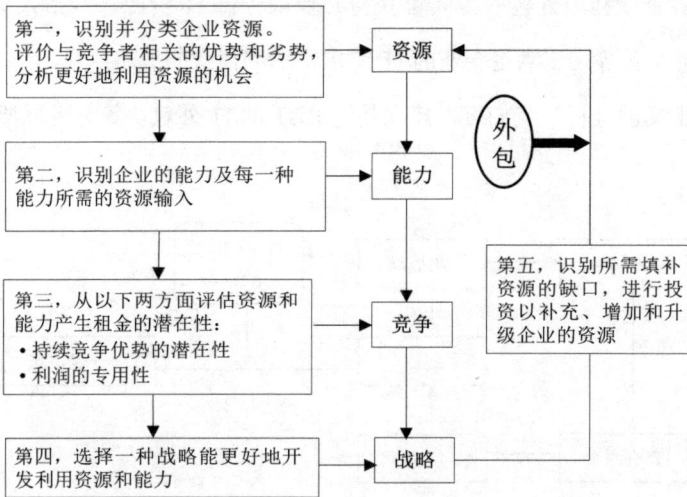

图 3.2　基于资源基础理论的外包战略途径

来源：Grant（1991, p.115），Tomás et al.（2006, p.54）

资源基础理论综合了经济学的原理和管理学的思想，不仅为信息技术领域的研究人员思考 IT 与企业的战略和绩效之间的关系提供了一条极具价值的途径，而且它构建了一种用以评价 IT 资源的战略性价值的具有说服力的理论分析框架，帮助分析比较 IT 资源和非 IT 资源的战略研究，为研究 IT 外包提供了一种基于资源的战略视角，尤其是在考察企业关键的 IT 资源和 IT 能力时，RBT 提供了一种有效的分析框架。

随着信息技术与现代组织业务活动的整合程度日益加深，越来越多的企业依赖网络、信息系统、通信技术和设备来完成从投入到产出的整个经营环节，信息技术被认为是大多数组织的一种战略性资源，组织是否能维持其竞争优势直接依赖于自身的 IT 能力（Bharadwaj, A. , 2000; Ganesh D Bhatt and Varun Grover, 2005）。然而，大多数企业缺乏足够的 IT 能力来满足自身需求，同时通过自身培育和发展内部的能力需要花费很长时间，企业无法等待这一漫长的 IT 能力培育期。根据 RBT 的观点，外包是一种能帮助企业补偿 IT 能力不足的一种战略安排。基于这一点，企业利用外包的方式可获得必要的外部 IT 资源，包括人员、IT 设施和其他支持设备等，来满足企业的 IT 需求，达到自身的战略目标。

通过上文的分析，我们可以建立基于 RBT 的 IT 外包决策分析框架，如图 3.3 所示。

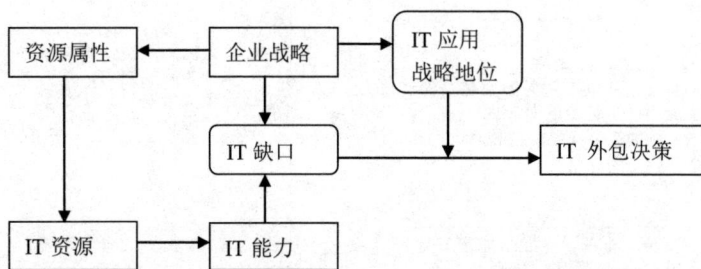

图 3.3  基于 RBT 的 IT 外包决策分析框架

## 第二节  基于资源对竞争优势限制的 IT 外包决策分析

### 一、资源属性分析

RBT 认为，企业利用独特的资源可获得竞争优势，而能够产生持续竞争优势的资源必须具备一定的属性，Barney（1991）将其归纳为：

（1）有价值的（valuable）。

（2）稀缺的（rare）。

（3）难以模仿（imperfectly imitable）。

（4）不可替代性（non-substitutable）。

有价值的资源是指能够帮助企业实施其战略，提高企业的效率和效果的资源。但如果这类有价值的资源被许多组织所拥有，则无法为企业提供竞争优势，也就是资源还必须具备稀缺性，即不能被大多数企业获取拥有。进一步分析，如果其他企业能够模仿拥有这种有价值的、稀缺的资源，那么这意味着企业将无法获得持续竞争优势。也就是说，资源必须具备难以模仿性，即通过资源的独特历史、因果模糊性和社会复杂性等隔离机制来阻止其他企业通过模仿获取。

除了上述三个属性外，维持企业竞争优势的可持续性还要依赖于资源的不可替代性，也就是其他企业无法利用具有可替代性的资源来实现相同的战略。

类似地，Peteraf（1993）也概括出能带来竞争优势的资源所具备的四个条件。

（1）企业的异质性。这意味着某些企业所拥有的高效资源供给有限，至少其供给不可能快速扩大，所以，这些企业可以因拥有对这些资源的"垄断"而获得超过平均利润的"租金"。

（2）对竞争对手的事后限制。即当一个企业获得优势地位并因此而赢得租金后，存在某些力量限制对这种租金的竞争，而这两个关键因素是难以模仿和替代的。

（3）不完全流动性。不完全流动的资源则会保持在企业内部，而企业会分享由这种资源带来竞争优势时所产生的"租金"。

（4）对竞争的事前限制。如果具有同样资源禀赋的一批企业预见到通过某种定位选择可以获得难以模仿的资源地位，那么所有这些企业都会加入这种定位的激烈竞争，最后的结果就是预期的回报被竞争掉。因此，当一个企业采取某种战略来获取或发展高效资源时，执行这种战略存在着使其他企业难以采取同样战略的成本（包括对预期结果的不确定性）。Peteraf 认为资源必须满足上述四个条件才能为企业赢得竞争优势。

Michael Wade、John Hulland（2004）从资源对竞争的"事前和事后限制"（ex ante and ex post limits）角度进一步分析了资源属性，认为资源属性可以根据创造竞争优势、维持竞争优势两个阶段来进行划分，如图 3.4 所示。创造阶段是对竞争的"事前限制"（ex ante limit）阶段，要求企业的资源具有价值性、稀缺性和专用性（appropriability）；维持阶段是对竞争的"事后限制（ex post limit）"阶段，意味着企业获得竞争地位和相应的租金后，必须有阻止竞争者取得该租金的力量。因此，此阶段的资源要具有难以模仿性、难以替代性和较低的流动性。

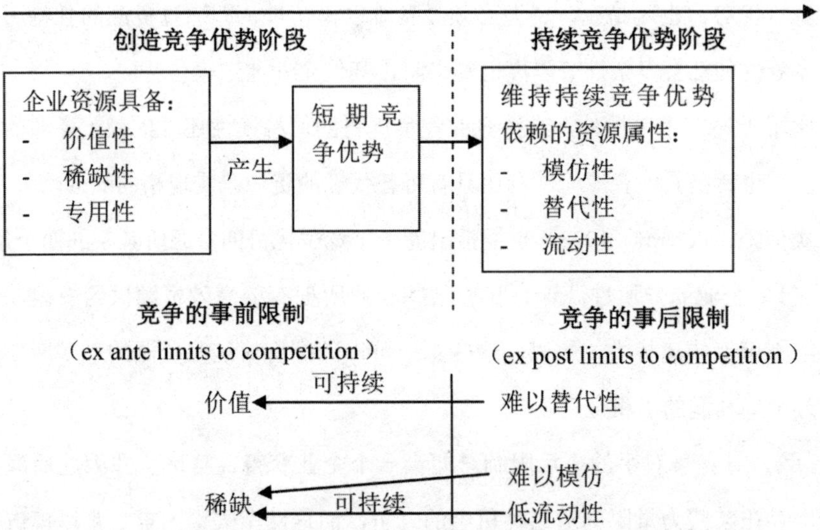

图 3.4　基于资源的竞争优势阶段分析

（来源：Michael Wade and John Hulland, 2004, p.119)

综合上述学者的观点，本书认为基于创造竞争优势"事前限制"和维持竞争优势"事后限制"两个阶段的资源属性，对 IT 资源和 IT 能力展开分析，能够更为清晰地描述 IT 资源和 IT 能力对企业竞争优势所做的贡献。

## 二、IT 资源和 IT 能力的竞争"事前限制"与"事后限制"分析

1.IT 资源的竞争"事前限制"与"事后限制"分析

20 世纪 90 年代中期 RBT 开始应用于 IT/IS 领域的研究，学者分别从流程、人员、技术、文化、无形资源的角度对 IT 资源加以识别和划分。Ross et al.（1996）按照 IT 流程对业务价值的贡献，将 IT 分为三类资产：

（1）人员资产（human asset）——技术性技能、业务理解和面向问题的解决等。

（2）技术资产（technology asset）——物理 IT 资产（physical IT asset）、技术平台、数据库、架构、标准等。

（3）关系资产（relationship asset）——与其他业务部门的伙伴关系、客户关系、高层管理关系、分担风险和责任等。

Day（1994）主张从企业存在的三种流程对 IT 资源进行分类，即由内向外（inside-out）、由外向内（outside-in）和跨越（spanning）。

▲ 由内向外是指企业对市场需求和机会做出的相应变化，关注企业内部的能力发展，如技术开发、成本控制等。具体来说，由内向外的 IT 资源包括 IT 基础设施、IT 技术性技能、IT 开发和 IT 运营的成本效益。

▲ 由外向内是面向外部的，重点放在参与市场需求、创造持久的客户关系和理解竞争者，如市场响应、管理外部关系等。

▲ 跨越包括对企业内部和外部的分析，整合企业内外部能力。具体包括管理 IT 与业务的关系、IT 规划与变革管理等。

而 Marchand et al.（2000）从信息的构建和应用视角提出三个要素：信息技术实践（技术的管理）、信息管理实践（信息收集、组织和使用）、信息行为和价值（人们使用信息的行为和价值）。

Bharadwaj A.（2000）参照 Barney（1991）对企业资源的分类，认为 IT 资源包括 IT 基础设施、人力 IT 资源（human IT resource）和 IT 使能型无形资源（IT-enabled intangibles）。张嵩和黄丽平（2003）综合了 Ross 和 Bharadwaj A. 等学者的研究工作，将 IT 资源分为 IT 基础设施资源、IT 文化资源、IT 人力资源和 IT 使能的无形资源，其中 IT 使能的无形资源包括 IT 与组织学习的互补性和 IT 与组织知识的互补性，并认为这些资源在特定的时间有助于 IT 能力的获得。

本书认为，从资源对企业创造竞争优势阶段——"事前限制"和维持竞争优势阶段——"事后限制"两个阶段来分析 IT 资源，能够清晰地描述 IT 资源对企业获得持续竞争优势的贡献。综合学者对 IT 资源的研究，本书将 IT 资源划分为 IT 基础设施、IT 技术性技能、IT 高效运营技能、IT 的内外部关系管理（IT 与业务的内部关系管理和 IT 与供应商等外部关系管理）、IT 文化资源和 IT 使能的无形资源，如表 3.1 所示。相比较而言，其中 IT 基础设施、IT 技术性技能、IT 高效运营技能这前三类 IT 资源的价值性、稀缺性和专用性较高，能够为企业创造竞争优势，可以将其视为"事前限制"IT 资源；而后三类资源具有较高的难以模仿性、难以替代性和较低的流动性，为企业提供维持竞争优势阶段的 IT 资源，属于"事后限制"IT 资源，表 3.2 从资源属性的创造优势和维持优势对 IT 资源进行了描述，具体分析如下。

"事前限制"阶段，要求企业的资源具有价值性、稀缺性和专用性（appropriability）。资源的价值性是指该资源能赋能作用于企业来实施战略以提高其效率和效果。越来越多的研究表明（Grant, R.M. , 1991; Ross et al., 1996; William R. King, 2000），企业所拥有的全部 IT 资源被认为至少是具有中等或一定价值的。然而，资源仅具有价值性而没有充足的供应则无法成为竞争优势的来源，即资源要具备稀缺性，它是指资源具备这样的条件即不能同时被大多数企业所获得。比如 ATM 网络对一个银行来说是一种有价值的资源，但不具备稀缺性，不能给银行带来战略效益。资源的专用性与其获取租金的潜在性相关。比如，企业首先拥有了下一代先进的 IT 硬件和软件，意味着企业可以应用这些新的基础设施来提高自己的效率和效益，并由此可提高短期的竞争优势和获取租金。因此，可以认为，具备价值性、稀缺性和专用性这三种属性的 IT 资源构成了"事前限制"IT 资源，为企业提供产生创造竞争优势的基本来源，包括 IT 基础设施、IT 技术性技能和 IT 高效运营技能。

表 3.1  IT 资源的分类方式

| IT 资源 | 参考来源 |
| --- | --- |
| IT 基础设施 | 技术资产（物理 IT 资产、技术平台和数据库等）（Ross et at. 1996）；<br>物理资产、物理基础设施（体系架构）、数据库、IT 应用（Feeny and Willcock, 1998）；<br>IT 基础设施（Bharadwaj, A., 2000, 张嵩和黄丽平，2003）；<br>信息技术实践（Marchand et al. 2000） |

续 表

| IT 资源 | 参考来源 |
|---|---|
| IT 技术性技能 | 技术性技能（Ross et al., 1996）；<br>IS 技能（Day, 1994; Michael Wade and John Hulland, 2004）；<br>IT 技术技能（Feeny and Willcock, 1998） |
| IT 高效运营技能 | IT 开发和 IT 运营的成本效益（Day, 1994）；<br>IT 管理技能（Bharadwaj A., 2000; Bharadwaj, et al., 1998）；<br>业务系统思考、IT 架构设计和有效的 IT 功能（Feeny and Willcock, 1998）；<br>业务理解和面向问题的解决（Ross et at., 1996）；<br>信息管理实践（Marchand et al., 2000） |
| IT 的内外部关系管理 | IT 与业务的关系管理（Bharadwaj A., 2000; Bharadwaj, et al., 1998; Day, 1994）；<br>关系建设（Feeny and Willcock, 1998）；<br>管理外部关系（Bharadwaj, et al., 1998; Day, 1994）；<br>合同的促进与监管、有经验的购买、供应商开发（Feeny and Willcock, 1998） |
| IT 文化资源 | 信息行为和价值（Marchand et al., 2000）；<br>IT 文化资源（张嵩、黄丽平，2003） |
| IT 使能的无形资源 | IT 使能的无形资源（Bharadwaj , 2000；张嵩、黄丽平，2003）；<br>知识库（Feeny and Ives, 1997） |

表 3.2　IT 资源对竞争的 "事前限制" 与 "事后限制" 属性分析

| IT 资源 | "事前限制" 创造竞争优势 | | | "事后限制" 维持竞争优势 | | |
|---|---|---|---|---|---|---|
| | 价值性 | 稀缺性 | 专用性 | 模仿性 | 替代性 | 流动性 |
| IT 基础设施 | M-H | L-M | H | L-M | L-M | H |
| IT 技术性技能 | M-H | L-M | M | M-H | M-H | M-H |
| IT 高效运营技能 | M-H | L-M | M | M-H | M-H | M |
| IT 的关系管理 | H | M-H | L-M | L-M | L | L-M |

续 表

| IT 资源 | "事前限制"创造竞争优势 | | | "事后限制"维持竞争优势 | | |
|---|---|---|---|---|---|---|
| | 价值性 | 稀缺性 | 专用性 | 模仿性 | 替代性 | 流动性 |
| IT 文化资源 | H | M-H | M | L | L | L |
| IT 使能的无形资源 | H | M-H | M | L | L | L |

注：L= 低；　M= 中；H= 高

（来源：Michael Wade and John Hulland，2004，p.119；张嵩和黄丽华，2006，p.89，并经作者进一步分析整理形成）

"事后限制"阶段的资源要具有难以模仿性、难以替代性和较低的流动性。资源的难以模仿性是阻止竞争对手的模仿（如通过对关键资源的直接复制或创新等方式）来获取该资源的程度。而考察替代性的一个关键问题是：是否存在某种战略地位相同的资源或能带来同等产出结果的资源。资源较低的流动性是指资源能从要素市场获得的程度。IT 基础设施较容易在一定时间内被模仿，是最早可以被竞争对手所复制的资源，也是提供持续竞争优势的最易碎资源。企业特定的 IT 发展历史、企业的社会复杂性和因果模糊性（causal ambiguity）等交互作用形成的"隔离机制"（isolating mechanisms）使得 IT 与业务关系资源、IT 文化资源、IT 无形资源产生了难以模仿性、难以替代性。IT 基础设施一经建立就会很容易散布（disseminated）到其他企业，具有较高的流动性。IT 硬件设施、技术性技能、IT 开发等都可以从市场获取，因此具有相对较高的流动性，而关系管理、IT 与业务的融合能力、IT 文化资源、IT 使能的无形资源等却很难从要素市场获取，其流动性相对较低。因此，我们认为，IT 与业务、供应商等的内外部关系管理、IT 文化资源、IT 使能的无形资源等构成了竞争优势的"事后限制"IT 资源，是 IT 资源中维护持续竞争优势的关键来源。

2.IT 能力的竞争限制分析

对于 IT 能力的定义，学者给出了不尽相同的界定。

——Ross et al.（1996）认为，IT 能力是控制与 IT 相关的成本，必要时交付系统并通过 IT 实施影响经营目标的能力，因此，企业的 IT 能力依赖于其人力、技术和关系资产的状态。

——Bharadwaj, A.S.（2000）主张，IT 能力是指组织通过动用和配置自身 IT 资源，来整合组织其他资源的能力。

——William R. King（2002）认为，IT 能力是硬件、软件、共享的服务、管理实践及技术和管理技能的集合。

——张嵩和黄立平（2003）提出，IT 能力是一种调用和部署企业 IT 资源从而获取长期竞争优势的社会复杂惯例。

综合学者的观点可以看出，IT 能力不仅仅指信息技术本身，更是组织的一种独特能力，IT 能力根植于企业惯例，建立在 IT 资源之上，形成于业务流程之中。每个企业经营中都会形成某些独特的能力，这些能力确保了组织的产品和服务能高效率地通过组织价值链，形成竞争优势。应用这种能力的观念，竞争者利用在 IT 资源上的投资很容易购买到相同的硬件和软件，因此资源从本质上说，并不能提供持续的竞争优势。更准确地说，企业要杠杆作用于其 IT 投资来创造一种独特的 IT 能力，由此来提高企业的整体效益。因此，持续竞争优势的取得往往依赖于企业部署 IT 资源的能力及 IT 资源结合其他互补性企业资源或能力的能力。

按照对企业持续竞争优势的贡献不同，张嵩和黄立平（2003）认为可以将企业 IT 能力分为静态、动态和创造性三个层次。其中 IT 的静态能力主要表现为 IT 基础设施服务于企业基本职能活动的能力；IT 动态能力需要企业的信息技术随着外界环境和企业内部流程的需要灵活地后建和改变；IT 的创造性能力则要求企业具有战略洞察力，在竞争对手之前快速构思新的 IT 应用空间并实施这些应用。其中，IT 基础设施能力可以支持 IT 静态能力和动态能力；IT 人员和文化能力用于支撑 IT 的动态能力和创造性能力；IT 与无形资源的互补能力主要强调 IT 的创造能力。

相类似地，Ganesh D Bhatt and Varun Grover（2005）则把 IT 能力划分为三类：价值能力（value capabilities）、竞争能力（competitive capabilities）和动态能力（dynamic capabilities）。其中，有价值的 IT 能力与 IT 基础设施资源的质量相关，是企业能够获得竞争优势的基础，即为企业创造竞争优势。竞争的 IT 能力包括 IT 业务经验（IT 团队对业务的理解程度）和关系构建（IT 与业务管理者之间的积极关系程度），这种竞争的 IT 能力进一步提高了企业的竞争优势。而动态 IT 能力表现为动态的组织学习能力，对提高 IT 基础设施、IT 业务经验和关系构建产生积极的影响。

应该说，张嵩等划分的三种 IT 能力层次和 Ganesh D Bhatt and Varun Grover 提出的三种 IT 能力类型具有相同的理论基础和类似的分析视角。综合上述两位学者对 IT 能力的分类研究，本书认为，"事前限制"的 IT 能力是"静态的"，或者说是"有价值的"，这种 IT 能力是为企业提供创造竞争优势阶段的来源，即企业只有具备这种 IT 能力才能基本实现企业的 IT 战略实施和 IT 应用效果，此阶段的 IT 能力依赖于企业的 IT 基础设施、IT 技术型技能和 IT 高效运营技能。而"动态的"或"竞争的"IT 能力具有创造优势和维持优势的双重作用，是"事前限制"向"事后限制"的过渡型能力，"创造性"和"动态"的相类似，这类 IT 能力为企业提供持续竞争优势，属于"事后限制"的 IT 能力。

## 三、基于 RBT 的 IT 外包决策扩展研究

如上述分析，我们可以从创造竞争优势和维持竞争优势两个阶段对 IT 资源和 IT 能力展开分析，企业必须首先获得竞争优势"事前限制"阶段所需的 IT 资源和 IT 能力，才能为企业创造竞争优势，这是企业获取竞争优势的必要条件，因此导致企业面临 IT 资源获取决策（IT sourcing decision）的时间紧迫感和决策任务的压力，即企业必须尽量缩短获取这些 IT 资源的周期。此时，外包成为企业的

一种有效战略途径。

企业内部 IT 资源和 IT 能力与实际战略需求之间的不足或缺乏是外包的一种重要动机，本书把企业这种 IT 供需之间的不足或缺乏称之为 IT 缺口（IT gap）。具体来说，IT 管理者面临着有效使用新技术和维持竞争优势的压力，然而大多数企业缺乏强大的内部 IT 能力来杠杆作用于企业的价值链，企业的 IT 需求和 IT 供给之间常会处于不平衡状态，此时很容易产生 IT 缺口。因此，采用 IT 外包来获取战略优势对企业具有一定的吸引力。

其次，"事后限制"的 IT 资源和 IT 能力为企业提供了获取持续竞争优势的来源，是企业长期获取竞争优势的关键来源，企业需要进行长期的内部培育和发展，来拥有和保持这些 IT 资源和 IT 能力。因此，我们认为"事前限制"IT 资源和能力可以作为企业的候选 IT 外包资源，即外包成为获得"事前限制"IT 资源的战略途径，而"事后限制"的 IT 资源和 IT 能力是企业应长期培育和发展的核心资源，采用 IT 外包很难获取到这些 IT 资源和 IT 能力，并会给企业带来较高的风险，使得企业丧失维持持续竞争优势的能力。所以，IT 应用的战略地位是企业采用 IT 外包的另一个关键驱动要素，企业只有将那些不具备维持持续竞争优势的 IT 资源进行外包，才可以充分利用外包商的 IT 资源优势，来补偿自身的 IT 缺口，同时更好地关注自身的核心 IT 资源和 IT 能力，维持并提高企业持续竞争优势。

综上所述，IT 缺口和 IT 应用的战略地位是直接影响企业 IT 战略决策的关键因素，IT 缺口反映出企业 IT 需求与 IT 供应之间的一种不平衡状态，而 IT 应用的战略地位控制和影响着企业的这种 IT 供需之间的战略关系。至此，基于 RBT 建立 IT 外包决策扩展分析框架如图 3.5 所示。

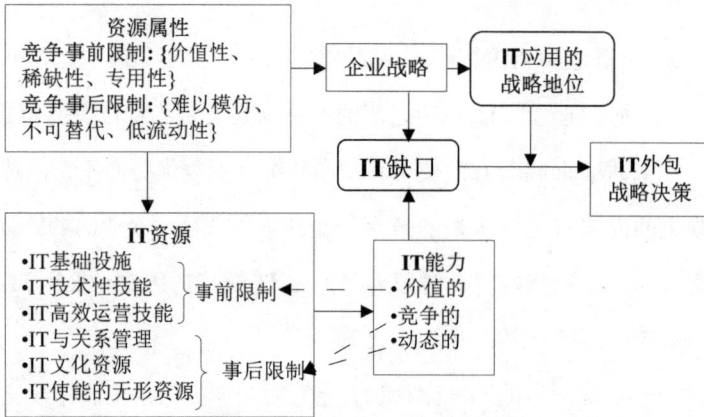

**图 3.5　基于资源基础理论的 IT 外包决策扩展分析框架**

# 第三节　融合 TCT 和 RBT 的 IT 外包决策分析

## 一、TCT 和 RBT 外包理论比较与互补分析

为了更好地理解这两种外包理论，本书从理论的分析单元、假定行为、外包目标和准则、外包对组织的影响及外包产生的潜在风险等层面，将 TCT 和 RBT 研究外包的理论分析框架进行了比较，如表 3.3 所示。

**表 3.3　基于 TCT 和 RBT 的外包理论分析框架比较**

| 项目 | 交易成本理论 | 基于资源理论 |
|------|------------|------------|
| 分析单位 | 交易（transaction） | 资源和能力<br>（resource and capabilities） |
| 假定行为 | 机会主义；<br>有限理性 | 有限理性（企业无法掌控一切；组织惯例决定组织将做什么） |
| 外包决策<br>影响因素 | 资产专用性；<br>小规模谈判；<br>交易频次；<br>不确定性 | 专用性资源；<br>整体资源分析；<br>技能和能力；<br>补充能力分析 |

续 表

| 项目 | 交易成本理论 | 基于资源理论 |
|------|------------|------------|
| 外包准则/目标 | 最小化交易成本或生产成本 | 观察/期待的价值产生 |
| 外包对组织的影响 | 企业效率；<br>好的经济战略；<br>战术与操作决策 | 竞争优势；<br>战略决策；<br>跨组织边界的发展能力 |
| 潜在风险 | 依赖外包商；<br>隐藏成本；<br>后合同期威胁<br>（post-contractual threat） | 损失/降低（loss of）关键技能和能力；<br>外包商缺少必要的能力 |

资源基础理论认为，企业必须拥有独特的资源才能获得竞争优势，这种资源的独特性（uniqueness）可以理解为交易成本理论中的"专用性"（specificity）或外部市场的"稀缺性"（scarcity/rarity）。那么，当外包活动中包含某些异质资源，即依靠外部（通过外包商）来开发利用这些异质资源的专用或独特关系时，其成本是昂贵的。就这种情况而言，TCT 和 RBT 都主张这类活动更应该留在企业内部发展，因此，可以说究竟是外包还是内在化（outsourcing vs. internalization）——影响和决定着企业边界的这一决策问题上，是由该项活动拥有的专用性资产、相关设施、人员和企业惯例、特殊技能等这些因素共同决定的。

按照 TCT 的理论逻辑分析，当一项具有资产专用性高的活动外包时，会对企业绩效产生负面影响。具体来说，企业的外包交易成本产生在不同阶段，包括交易前的评估、搜寻成本、谈判成本，交易后的控制、监督、必要的合同保护等成本。由于外包商机会主义行为，具有"敲竹杠"的潜在动机，即利用后合同时期权利或中止合同等行为，会造成高昂的交易成本，因此在这种情况下，企业多倾向于选择交易内部化，自行完成活动，而不倾向于采取外包以避免潜在的后合同期的"敲竹杠"问题。

从 RBT 的角度分析，外包决策则依赖于该项活动的发展是否能为企业内部带来独特的知识、技能和惯例，即是否具有为企业提供竞争优势的独特性，成为企业的独特资源和能力。当企业活动具备这样的特征时，则更应该留在内部开发培育。

实质上，TCT 和 RBT 中的理论逻辑分析基础是具有共同的特征，即 TCT 中的专用性资产和 RBT 中的独特能力都属于很难从市场上买到，或者很难被模仿的。其隐含的逻辑是企业很难通过外包的方式来获取这种具有高资产专用性的 IT 产品和服务、独特的 IT 资源和能力，如果选择外包战略来获取这种资源或资产的话，这意味着企业与外包商之间要建立长期的合作和联盟关系，也就是外包关系中的"合作伙伴"关系类型，需要建立长期的信任机制、协同战略等。

从理论的相互补充角度分析，可以说 TCT 和 RBT 阐释了外包决策这一问题的两个不同侧面，或者可以说揭示了外包决策中的两种决策准则。TCT 关注外包交易过程中的资产专用性和不确定性对外包成本的影响，实质上是揭示了外包发展过程中的机会主义行为可能导致的外包风险。为了避免这种高资产专用性所带来的高昂的外包交易成本，以及外包商机会主义行为所带来的"锁定效应"等，企业在外包决策过程中要对 IT 的资产专用性和不确定性进行合理评估。RBT 强调资源的独特性对于企业获取持续竞争优势的作用，当企业战略和企业现有的 IT 资源和 IT 能力产生 IT 缺口时，合理评价这一 IT 缺口及其 IT 应用的战略地位成为关键。简言之，TCT 解释了外包专用性资产后所产生的负面效应，而 RBT 则从正面阐述了没有外包这些独特性资源所带来的正面效果。

## 二、融合 TCT 和 RBT 的 IT 外包决策分析框架

综上分析可以看出，在现有研究中，TCT 和 RBT 大多被视为一个独立的分析框架，来分析研究外包决策、企业边界选择等问题。TCT 提供了如何分析 IT 外包活动中存在的各种成本的理论视角，专注于考察成本这一经济因素，而 RBT 则站在长期发展的战略视角，来分析 IT 外包如何能帮助企业填补 IT 缺口，以提高企业整体 IT 资源和 IT 能力，从而满足企业获取持续竞争优势的战略目标。

随着 IT 外包的发展，近年来学者开始意识到单独应用某一种理论无法更好

地理解和解释企业边界选择、外包决策等复杂问题，主张采用多种理论相互补充的研究视角，并提出 TCT 和 RBT 可以互为补充来研究外包问题（Martin Hancox and Ray Hackney, 2000; Boonlert Watjatrakul, 2005; Kyle J. Mayer and Robert M. Salomon, 2006）。在最近的文献中，Kyle J. Mayer and Robert M. Salomon（2006）把能力的动态性引入到交易成本理论中，分析了外包过程中能力、合同危害和治理之间的作用关系，认为技术能力的动态性影响着外包过程中的交易成本。目前尚未发现国内学者有类似的研究成果。

综上所述，本书融合了交易成本理论和资源基础理论的视角，对 IT 外包决策展开分析，构建综合 TCT 和 RBT 的 IT 外包决策分析框架如图 3.6 所示。IT 缺口、IT 应用的战略地位、IT 资产专用性和不确定性成为综合分析 IT 外包决策的四个关键因素，其中 IT 缺口受到 IT 应用的战略地位、IT 外包成本的控制和影响。

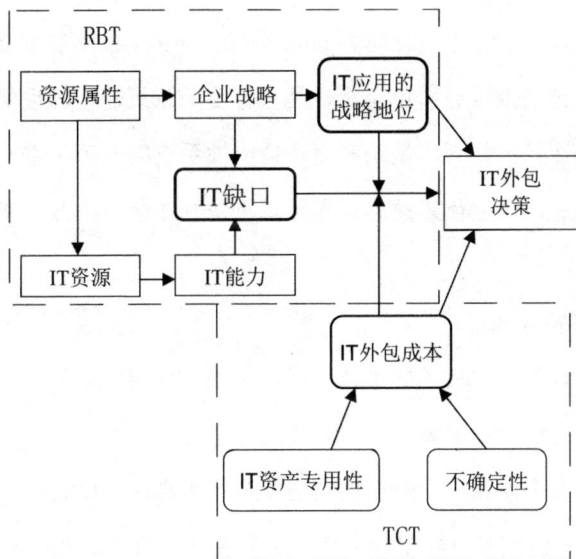

图 3.6 融合 TCT 和 RBT 的 IT 外包决策分析框架

# 第四节　IT 外包决策的复杂适应性分析

## 一、复杂适应系统理论概述

复杂适应系统（complex adaptive system，CAS）理论是由遗传算法的创始人 John·H·Holland 教授在多年研究复杂系统的基础上提出来的，他将 CAS 定义为"由用规则描述的、相互作用的主体组成的系统"。具体地说，CAS 是具有生命特征的复杂动态系统，由各个独立的行为主体（agent）组成，构成系统的主体在形式和能力上总是千差万别。随着经验的积累，不断改变其规则来适应环境，主体的适应性是其产生复杂动态模式的主要根源（John·H·Holland，2000, 2001）。在 CAS 中，每一个主体都区别于其他主体，主体绩效（performance）则依赖于其他主体和系统本身。因此，情景（context）在 CAS 中扮演着重要的角色，主体 Agent 是 CAS 理论的重要分析单位，也是进行复杂系统建模的重要分析工具。基于多主体建模和计算机仿真，是研究复杂适应性系统的一个基本方法。相对于一般的数学建模而言，多主体建模思想和计算机仿真在解决离散、非线性系统模拟方面有显著优势。

CAS 的基本特征如下。

（1）系统由许多并行活动的主体组成，这些主体构成单元具有智能性，并且不断地与环境、其他主体交换物质、信息、能量等。

（2）系统具有多层次性。一个层次的主体是更高层次结合体（主体）的组成部分，但是层与层之间具有相对独立性，层与层之间的直接关联作用较少。

（3）主体能通过结果的反馈和经验的积累，不断调整作用关系的规则，具有动态学习能力。

（4）主体会根据自己的认知模型做出预测，这些认知模型随着系统演化获得提炼和提高。

（5）追求局部优化和不断改进。在复杂适应系统内有很多小生境（niches），每个小生境可以为一个主体开发并占有，因此，系统有追求局部优化的倾向。

（6）随机性和确定性的统一。随机性首先表现为环境刺激的随机性，其次是主体反应的随机性。复杂适应系统是动态变化的。复杂适应系统总是处于变化、转换、调整之中，系统的变化受到主体数量、行为规则及它们之间相互作用的强度和多样性的影响。复杂适应系统内外部主体的作用关系是非线性的。由于非线性相互作用导致的竞争与协同，才会形成具有整体性的矛盾体系，才会有系统的牵一发而动全身（Steven F. Railsback, 2001；陶厚永和刘洪，2007）。

CAS 具有三种行为类型：稳定或受控于负反馈，不稳定或受控于正反馈，有限不稳定（limited instability）或处于各种力量作用的混沌边缘（edge of chaos）。当复杂适应系统处于混沌边缘或有限不稳定时系统产生自组织，系统自组织意味着系统新的行为模式出现是主体交互作用的结果。处于混沌边缘时，CAS 是极为复杂的。在这期间，系统的内部模式扩展程度要求很高，同时也产生了稳定和混沌之间的均衡作用，从而系统涌现出创新（innovation）、创造（creativity）、适应（adaptation）和自组织。

CAS 理论经过了十多年的发展和应用，已在经济系统、金融系统、国家创新系统乃至企业微观层面取得一定的研究成果。近年来，CAS 理论开始被学者应用到包括产品设计管理（Chiva-Gomez R, 2004）、供应链管理（Thomas Y. Choi et al., 2001）、知识管理（Karma Sherif and Bo Xing, 2006）等不同的企业管理领域，而基于多主体系统（multi-agent system）、复杂系统模型（complex systems models）等建模思想进行决策过程的仿真研究也引起学者的关注（Lyons, M.H. et al., 2003；Kant Jean-Daniel and Thiriot Samuel, 2006）。

## 二、IT 外包决策的复杂适应特性分析

从系统科学的角度来看，任何一项决策都可以看作一个系统。从系统的要素来看，决策要素包含了主体——决策者，客体——决策对象，以及与该项决策密

切相关的其他利益相关人、组织和矛盾；从系统的联系来看，决策联系包含了决策主体—主体之间、主体—客体之间、客体—客体之间的联系；从系统的结构来讲，任何决策都具有特定的结构，这种结构取决于各种决策要素和决策联系的结合方式（张彩江和马庆国，2005）。

对 IT 外包决策而言，首先可以将其看作一个决策系统（decision system）进行研究。从决策要素来看，IT 外包决策系统由决策主体——外包企业，决策客体——外包决策对象包括外包范围、外包商、外包期限、外包价格、外包关系、外包资产所有权等和决策环境——外包环境这三个系统要素构成。从系统的联系来看，决策联系包含了决策主体—环境之间、主体—客体之间、客体—环境、主体—主体、客体—客体之间的联系。因此，我们可以对 IT 外包决策系统进行如下描述。

IT 外包决策系统 ={ 决策要素（决策主体，决策客体，决策环境），决策要素联系（决策主体—决策环境，决策主体—决策客体，决策客体—决策环境）}

进一步分析，可以将 IT 外包决策系统视为一类 CAS 来进行研究，因为它具有 CAS 的主要特性。

（1）主体的智能性。IT 外包决策系统是由外包企业、外包商、分包商、相关咨询机构等利益相关者组成的一个外包契约联合体。这些外包利益相关者都是企业外包决策活动的主体。这些主体具有环境识别能力、问题判断能力、自主决策能力和采取行动的能力，能根据自身所处的环境，做出适应性反应，调整与其他主体之间的作用关系规则。

（2）主体的层次性特征。对外包企业而言，包括外包发起者、外包信息处理者和外包最终决策者这些子主体，他们根据各自不同的决策权力和决策角色处于不同的决策层次，不同层次决策主体不断地与决策客体、决策环境进行交互作用，具有明显的层次性特征。

（3）系统的开放性。在 IT 外包决策系统内，主体之间、层次之间及其主体与环境之间进行着物质、能量和信息交流，构成这种交流关系的三要素包括结点、连接器、资源，其中结点是外包客户企业和外包商，连接器反映着外包关系，资源是外包产品或服务的交付与接受。

（4）主体的主动性。从主体决策活动来看，外包企业主体具有的主动性，使其能够通过不断审视周围环境并发展自己的认知模式（schema），提高自己的适应度（fitness），表现在利用先前的经验和决策规则，不断与外包客体、外包环境进行交互，根据外包行为的效果，修改决策行为的规则，以便更好地在外包环境中生存，实现外包目标，提高外包绩效。即外包企业主体要经历一个"选择—制定—保留"的过程，具体包括选择外包战略、外包目标等，制定外包设计方案，评价外包结果，保留好的外包关系、外包决策规则等。

（5）决策主体的路径依赖性。外包环境变化的复杂性和动荡性，选择的随机性，外包企业内外部主体之间的非线性相互作用关系，导致主体行为结果的不确定性、非因果关系，使复杂适应系统容易产生"蝴蝶效应"，小的变化可能引发大的结果。更重要的是，决策主体所处的背景和历史影响决定着主体的决策状态和决策行为，导致企业决策主体具有一定的路径依赖性。

（6）从微观到宏观的涌现性。从外包网络层面分析，若干个网络单元（外包系统中的主体）通过多种形式的外包关系彼此连接所构成的连续性企业间联系，形成了不同类型的外包网络（尹建华，2005）。外包网络中的主体一般基于自身的目标和决策能力而自主或半自主地运作，作为系统的组成部分，这些主体及其行为之间具有高度的耦合性或依赖关系，系统的整体性能将取决于这种依赖关系的协调水平。因此，本质上外包网络是一个动态的、分布的、柔性的、复杂的系统。可以认为，正是由于多个微观的 IT 外包决策系统之间的非线性相互作用，产生的竞争与协同关系，导致外包网络的形成和演进，即产生了从微观到宏观的涌现。

## 三、基于 CAS 理论的 IT 外包决策过程分析

根据以上分析，结合 CAS 理论主体演化的基本行为模型（刺激—反应模型），将 IT 外包决策系统分为两大层次：执行系统和环境系统。执行系统体现某一时刻 IT 外包决策主体的能力。考虑到 IT 外包决策系统时刻与其环境通过输入和输出

的各要素相互作用和相互影响关系，因此，本书将影响 IT 外包决策系统的外部因素统称为环境系统。下面主要对 IT 外包决策主体进行分析。

1.IT 外包决策主体描述

主体 Agent 是 CAS 理论的重要分析单位。从 CAS 理论视角来看，决策主体的组成主要包括资源和策略集（杨敏和邱菀华，2002）。其中，资源是决策主体拥有的财富，它根据环境的反馈（奖励）发生变化，并根据这种变化对决策环境做出判断。资源的相对数量反映了决策主体的效能（performance），并由此决定决策主体在竞争中的优劣。而策略是决策主体行为的集合，可以是一组 IF/THEN 规则集（叶丹和陈禹六，2003）。

本书认为，对 IT 外包决策主体而言，可以由外包决策执行系统、外包决策信用分派（Credit Assignment）和外包规则发现三部分进行描述。

外包决策执行系统刻画了决策主体在某一外包决策阶段、决策层次上的决策能力，它由三个基本元素组成：探测器、处理器（IF/THEN 规则）和效应器。探测器表征决策主体从决策环境中抽取信息的能力，用来接收和处理外部输入的信息，它决定了决策主体存在的条件；处理器（IF/THEN 规则）表征处理那些信息的能力，规定了对何种刺激做出何种反应，但它又不同于通常意义下的一一对应的 IF/THEN 规则，它代表了处理探测器所接收到的信息的能力；效应器则表征决策主体作用于环境的能力，用来输出消息，按给定控制产生输出并更新内部状态，即对决策环境的影响力，如图 3.7 所示。

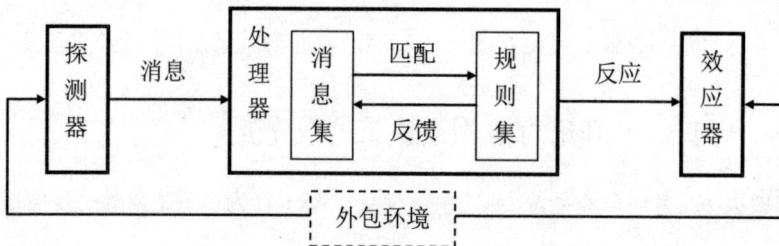

图 3.7　IT 外包决策执行系统示意图

外包决策信用分派的本质是向决策系统提供评价和比较策略的机制，即要决定哪些规则需要强化，哪些不可用要弱化。CAS 理论认为，信用分派的本质是向系统提供预知未来结果的假设——强化能够用于后期使用的规则，是系统自身评价和比较规则的机制。信用分派不仅具备合理选择规则的能力，还具备根据规则执行结果合理修订的能力，这实际上就是"学习"和"积累经验"的能力、"规则筛选"的能力。当使用规则时，适合度大者被选中的概率大。决策主体根据决策应用的结果来定义规则的强度，并修改其适应度。决策主体依据拥有的决策信息做出决策，获得的是环境及其他主体反馈的奖励，再根据这种反馈强化或修改自己的决策。所有决策主体输出的决策行为共同决定了决策环境，特定决策主体的行为与决策环境的作用则决定了该决策主体得到的奖励。

外包规则发现是外包决策主体学习或经验积累的过程，一个规则的价值依赖于主体识别和确定对某一刺激所做出的反应的能力。新规则的发现主要是重新组合已经过检验的积木。经过与环境的交互作用，已有的规则就能得到不同的信用指数，即适合度，外包规则发现就是不断搜寻主体行为系统中适合度最大的规则。

### 2.IT 外包决策主体多阶段分析

在 IT 外包决策过程中，决策主体的探测器不断感知、收集、组织和加工某阶段决策目标所需的决策信息，将这些信息与决策系统中的规则集合进行匹配，并根据已有的决策经验检验匹配结果—反馈，效应器做出决策反应，作用于外包环境，如此往复就构成了闭环结构的外包决策系统。

本书在第二章第四节对 IT 外包决策过程进行了系统分析，认为 IT 外包决策具有多阶段、多层次和复杂动态性，基于此我们可以进一步抽取出 IT 外包决策过程的基本变量，即能够描述 IT 外包问题对象的属性集合，它是组成复杂决策问题概念模型的重要元素，主要包括外包决策阶段变量、外包决策层次变量、外包决策状态变量、外包决策输入 / 输出变量和系统干扰变量。

IT 外包决策过程（IT Outsourcing Decision Process，IT ODP）概念描述如式 3.1

所示。

$$ITODP = S_i \ (ln(t), \ ln(t), \ On(t), \ Wn(t)) \qquad （3.1）$$

其中，$S_i$ 为外包决策阶段变量，$i = 1,2,3,4$；$Ln(t)$ 为决策层次变量；$ln(t)$ 为决策输入变量；$On(t)$ 为决策输出变量；$Wn(t)$ 为决策干扰变量。

设 $S_1$ 为 IT 外包的初始阶段，即企业预外包决策阶段，也可称之为外包发起阶段，在这一阶段必定存在外包发起者，也就是最早产生外包意图的企业内部人员或机构，我们可以将其称为"外包发起者"（outsourcing initial），这些外包发起者构成了这一阶段的决策主体，他们通过外包探测器感知、收集、组织加工外界的"刺激"，这种"刺激"可能来于企业内部（如 IT 成本、业务变化的 IT 需求变化、IT 专家不足等）或外部（竞争压力、外包市场等）。当决策主体感知的"刺激"达到一定条件后，即处理器根据一定决策规则进行处理，则会引发效应器产生采纳 IT 外包决策"反应"，那么可以将这一阶段主要企业决策主体做出是否采纳 IT 外包的决策行为，称为 IT 外包采纳决策。

$S_2$ 为 IT 外包模式设计阶段，即要具体确定外包的核心构成要素，包括外包范围、外包商、外包合同等，并由此形成了外包的配置组合结构。这一阶段的决策主体要包括担当"信息处理"任务的决策参与者和"最终拍板"决策者，"信息处理"决策者负责情报收集、外包市场调查、分析和参谋等，将一系列的决策方案交给"最终拍板"决策者。

$S_3$，$S_4$ 分别为 IT 外包决策实施、评价阶段，即进入了外包合同执行期和后合同期。企业外包决策主体主要承担监管、控制外包合同的执行过程，以及合同后期的绩效评价决策任务。

在不同的外包阶段，决策主体通过这样的决策执行系统与其他主体、环境进行交互作用，不断修改其决策规则适应度，强化、转变或改进系统的决策规则集，使得企业的 IT 外包决策行为不断递进发展，完成企业的 IT 外包决策过程。

# 第五节　多理论视角下的 IT 外包决策过程模型

综上分析，本书可以综合复杂适应系统理论、交易成本理论和资源基础理论多种理论视角，来构建 IT 外包决策过程模型，如图 3.8 所示。

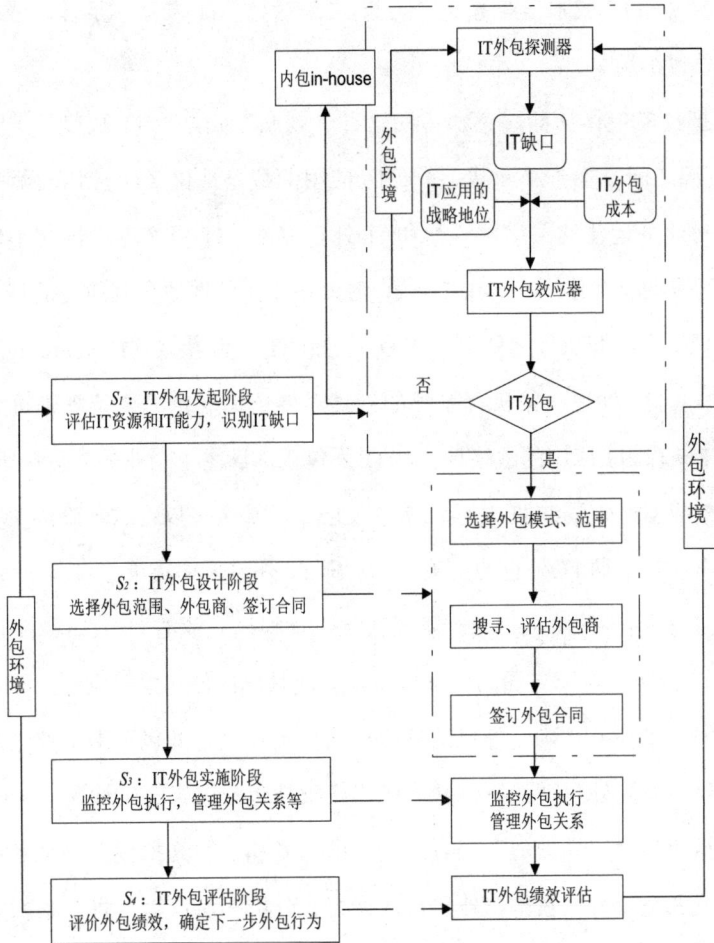

**图 3.8　多理论视角下 IT 外包决策过程模型**

在 IT 外包决策过程中决策主体都可以抽象地用外包决策执行系统、外包决策信用分派（credit assignment）和外包规则发现三部分来进行描述，决策主体在不同的决策阶段，具有不同的决策环境和决策任务，决策主体要不断调整决策规则来适应 IT 外包的需求，以达到实施 IT 外包的目标。

图 3.8 中 $S_1$ 为 IT 外包发起阶段，外包发起（outsourcing initial）决策主体通过 IT 外包探测器感知、收集、组织加工外界的"刺激"，这种"刺激"可能来自于企业内部（如 IT 成本、业务变化的 IT 需求变化、IT 专家不足等）或外部（竞争压力、外包市场等）。

本书把决策主体探测、感知后的这种"刺激"归结为 IT 缺口（企业战略和现有 IT 资源之间产生不平衡状态）、IT 应用的战略地位（IT 应用对竞争优势的独特性、对业务运营的关键性等）和 IT 外包成本（IT 资产专用性和不确定性）这三方面因素的相互作用，其中 IT 缺口触发决策主体要改变其所处的战略和资源之间的不平衡态，即决策主体必定采取一定的 IT 资源获取（IT sourcing）方式来填补 IT 缺口，IT 外包决策执行系统的处理器要依据一定的决策规则进行相应的匹配。当 IT 缺口、IT 应用的战略地位和 IT 外包成本满足了企业的外包决策规则时，则会触发效应器产生采纳 IT 外包决策"反应"，那么可以将这一阶段主要企业决策主体做出是否采纳 IT 外包的决策行为，即 IT 外包采纳决策。

$S_2$ 为 IT 外包设计阶段，这一阶段决策主体根据企业的 IT 缺口、IT 应用的战略地位和 IT 外包成本三方面的交互作用，完成具体的外包模式设计，即这一阶段决策主体的决策任务是确定外包的核心构成要素，包括外包范围、外包商、外包合同、外包关系、外包期限等，并由此形成了外包配置组合结构。这一阶段的决策主体包括担当"信息处理"任务的决策参与者和"最终拍板"决策者，"信息处理"决策者负责情报收集、外包市场调查、分析和参谋等，将一系列的决策方案交给"最终拍板"决策者。

$S_3$、$S_4$ 分别为 IT 外包决策实施、评价阶段，即进入了外包合同执行期和后合同期。企业外包决策主体主要承担监管、控制外包合同的执行过程，以及合同后期的绩效评价决策任务。在外包决策实施阶段，具体负责外包项目的联络小组成员，即直接与外包商进行外包合同执行过程沟通的 IT 主管和 IT 员工及其外包项目所涉及的最终用户，构成了外包决策实施阶段的主要决策主体和决策环境，外包商在外包活动的执行过程中，面临着来自外包客户企业内部 IT 主管和 IT 员工、外包客户企业外部的供应商、最终用户等利益相关者的外包满意或外包绩效评价，来自多方面的外包绩效评价共同影响着外包决策评价阶段中决策主体决定下一步的决策行为，在继续合作续签合约、更换外包商进入新一轮外包关系还是收回企业内部等进行选择。

在不同的外包阶段，决策主体利用自身的决策执行系统不断感知来自外界的"刺激"，并与其他主体、环境进行交互作用。随着决策阶段的不断递进，决策任务的随之变化，决策主体在完成每一阶段的决策任务后，不断修改其决策规则适应度，强化、转变或改进系统的决策规则集。与此同时，相关的决策环境也随之得到进一步更新和变化，如此往复使得决策主体的外包行为不断递进发展，完成企业的外包过程。

综上分析，可以认为在 IT 外包合同前，决策主体探测、感知 IT 缺口，识别 IT 缺口中的 IT 应用战略地位、IT 外包成本的相互作用，做出对采纳 IT 外包的预期性决策行为，并由此进行具体的外包模式设计，确定外包实施方案。在外包合同执行过程中，决策主体直接探测、感知和获取到来自外包商的外包执行效应，即外包客户决策主体与外包商（决策主体）相互影响，共同促进外包活动的实施。在外包后合同时期，决策主体根据再次探测、感知的原有 IT 缺口，据此重新修改、转变或改进原有的决策规则，即不断进行外包信用分派和外包规则发现，至此 IT 外包效应器完成这一外包周期的决策，如果选择继续实施外包，也就进入了下一外包周期外包决策发起阶段。

# 第六节 本章小结

本章主要从 CAS 理论视角分析了 IT 外包决策的复杂适应特征，认为 IT 外包决策主体由外包决策执行系统、外包决策信用分派（credit assignment）和外包规则发现三部分组成，并分析了决策主体在不同的 IT 外包阶段，所具有的决策状态及面临的决策任务和决策环境；基于 TCT 视角和 RBT 视角分析影响 IT 外包决策的关键因素，同时从资源属性对竞争优势的限制层面，进一步扩展了 RBT 的外包理论框架，并在此基础上，构建了融合 RBT 和 TCT 理论的 IT 外包决策分析框架；最后，从外包发展过程的视角，构建了多理论视角下的 IT 外包决策过程模型。

# 第四章　企业 IT 外包采纳决策研究

企业在信息技术外包决策过程中，在决定是否外包这一决策环节上，有哪些关键因素影响着企业外包采纳决策行为，是影响到企业后期外包决策行为（如选择外包范围、外包商等）的基本问题，同时这也一直是学术界研究的热点问题。本章在基于国内外相关研究文献分析的基础上，融合 TCT 和 RBT，构建了企业 IT 外包采纳决策模型，利用调查（survey）研究方法，通过结构性问卷调查和企业访谈相结合的方式，获取企业 IT 外包的相关决策信息，进行统计分析研究，以考察企业 IT 外包决策的影响因素，并由此验证企业 IT 外包采纳决策模型。

## 第一节　相关研究综述

企业是否选择 IT 外包来获得其所需的 IT 服务和产品，是企业 IT 外包决策过程研究的逻辑分析起点。我们对已有的研究成果进行分析，发现学者的研究主要集中在三个层面：行业层面、企业战略层面和信息技术层面。

基于行业层面，分析组织的外部环境对外包决策产生的影响。Loh and

Venkatraman（1992b）认为，外包是一种有意义的 IT 创新，应用创新扩散理论（innovation diffusion theory），以柯达外包作为关键事件，调查研究了柯达外包前后 1988—1990 年美国企业 IT 外包合同，得到外包决策会受到企业管理者人际间的沟通、来自制度（institutional）的压力、其他组织的外包行为等内外部因素的影响，并指出内部影响（internal-influence）的扩散效应要大于外部影响（external-influence）和混合影响（mix-influence）效应。Hu et al.（1997）进一步发展了该项研究，调查了 1989—1995 年 175 家企业的外包决策行为，认为外部媒体、外包商压力和企业管理者人际间的内部沟通等多种因素混合效应影响着企业决定采用 IT 外包的决策。他们的研究都试图解释组织在外包决策中的"同质行为"（homogenous behavior）。

基于企业层面，即从 IT 的外部环境分析，外包驱动因素主要包括经济、战略和制度等方面。Teng et al.（1995）认为外包决策在不同的企业战略类型和不同的企业 IT 战略角色环境中是不同的，要受到信息质量、IT 支持质量、IT 人员质量、IT 成本效益和企业财务绩效五方面因素的影响。Ang and Cummings（1997）则认为，外包是组织为提高竞争优势，对制度影响因素（Institutional influence，包括同行和联邦法规）的一种战略响应。Ang and Straub（1998）针对美国银行业的 IT 外包实证调查分析后发现，外包商的生产成本优势影响银行的外包决策，但高昂的交易成本成为阻止银行外包的主要原因。

基于信息技术层面研究发现，当组织内部缺少一定的 IT 技能来完成相应的 IT 服务时，或者当组织认为自己内部的 IT 比外部落后，就有可能选择外包模式。相反，当组织的 IT 优越于外部或人力资源在某种 IT 功能中具有独特的作用，并很难被其他竞争者模仿时，组织会选择内部自制。

Reyes Gonzalez et al.（2005）分析了西班牙大型企业选择 IT 外包的原因后，发现外包 IT 的决策驱动会受到企业规模、企业所在的行业、IT 部门人员规模等因素的影响。而 Jérôme Barthélemy and Dominique Geyer（2005）以法国和德国企业为研究对象，将影响企业选择 IT 外包决策的决定性因素分为内部影响因素——

IT活动的资产专用性、IT部门的规模与IT内部组织的价值（盈利中心、成本中心），以及外部因素——制度环境、行业的IT关联强度（sector IT intensity）进行分析，通过调查问卷对72个企业的IT外包决策进行实证分析后发现，内部因素对外包决策的影响要高于外部因素。

Bush A.A. et al.（2008）将IT项目作为外包分析单位，实证调查分析日本企业软件外包的决策驱动因素按照其影响权重依次为：相对成本优势、外包商可信赖程度、外包商的可观察性、IT项目需求的具体化和IT项目需求的挥发性。

此外，于立和刘慧兰（2006）基于外包商视角，利用制度经济理论，从网络外部性、降低交易成本、规模经济和减少经营风险方面分析了IT外包的成因和驱动。

综上分析，在已有的文献研究中，企业IT外包决策的影响因素被归结为不同的层面，包括经济因素、战略因素、制度因素、技术因素等，实证研究样本主要以欧美国家为主（如 Jérôme Barthélemy and Dominique Geyer, 2005; Reyes Gonzalez et al., 2005; Loh and Venkatraman, 1992; Ang and Straub,1998 等），亚洲国家以韩国（Jahyun Goo et al., 2007）、日本企业（Bush A. A. et al., 2008）居多，也有文献是基于我国台湾地区（Tzu-Chuan Chou et al., 2006）企业为研究样本展开分析。在现有文献中，以中国大陆地区企业为研究样本，实证分析这些企业IT外包决策影响因素的尚未见。

基于此，本书在第三章提出的融合TCT和RBT的IT外包决策分析框架基础上，构建企业IT外包采纳决策模型。

## 第二节　企业 IT 外包采纳决策模型

在IT外包的发展过程中，短期成本缩减被认为是组织IT外包决策的主要驱动，即通过外包可以实现以较小的成本来获取专业化计算和系统研发能力，现有文献研究较多的从交易成本理论、委托代理理论等经济理论视角来研究IT外包决策问题，主要通过考察比较 IT 外包的交易成本和生产成本来分析外包的收益和风险，并建立相应的数学模型进行决策分析或通过实证调查统计分析决策的影响因素问题（如 Ojelanki K. Ngwenyama and Noel Bryson, 1999; Ang and Straub ,1998; Benoit A. Auber et al., 2004）。现有文献研究的 IT 外包范围通常包括大型服务器和数据中心、网络设施、应用开发和维护、最终用户计算、桌面帮助服务（help desk）等，IT 外包服务类型被划分为 IT 基础设施外包、IT 维修维护外包、应用服务外包和业务流程外包（Subramanyam Murthy, 2004; Sara Cullen et al., 2005）。

20 世纪 90 年代以后，外包逐渐演变为组织的一种战略选择，有效地实施 IT 外包可以帮助企业实现长远的战略目标。IT 外包的战略重要性引起了学者的关注，从企业战略层面来考察 IT 外包决策成为学者关注的焦点。本书在第三章融合交易成本理论和资源基础理论的研究视角，构建了 IT 外包决策模型分析框架，认为企业采纳 IT 外包决策的关键因素可以归结为企业的 IT 缺口、IT 应用的战略地位和 IT 外包成本。本书将企业 IT 需求和 IT 供应之间不匹配状态视为企业存在着 IT 资源和 IT 能力的缺口，简称 IT 缺口，即用来反映企业的 IT 供需之间存在的不平衡状态。

已有研究表明，正确识别组织的 IT 外包需求是企业成功实施 IT 外包的关键要素之一（Lacity Mary C. and Willcocks Leslie p. 1998; Thomas kern, 2002）。而企业的 IT 需求是动态变化的。为了适应动态变化的内外部环境，企业在不断地进行业务重组、流程调整等，那么企业相关的 IT 应用和 IT 战略也必须不断地调整和适应企业的这种战略发展需求。而信息技术自身的快速发展使得企业的 IT 应用永远面临是否需要"技术更新"的问题。

从企业所处的行业类型来看，不同行业与 IT 之间的关联程度并不相同，导致企业对 IT 需求具有典型的行业特征，因此，企业所处行业的 IT 关联程度影响着企业 IT 缺口和 IT 应用的战略地位。在企业信息化发展的不同阶段，随着企业信息化的不断发展，企业 IT 需求也在不断变化，IT 缺口类型也在不断演变。一方面可以表现为 IT 预算 / 资金不足、基础设施建设缺乏、IT 技术不足、IT 专业人员缺乏等，另一方面内部 IT 效率低，IT 服务满意度不高则是另一种 IT 缺口的表现，即 IT 资源管理效率不高，而外部 IT 服务商的专业水平及其规模经济带来的成本优势，是 IT 外包决策的外部影响因素。企业具有不同的 IT 需求特征，将产生不同的 IT 缺口，同时企业信息化发展不同阶段中企业 IT 应用的战略地位也会发生相应变化。因此，企业信息化发展阶段、行业 IT 关联程度成为我们考察 IT 外包战略决策的两个关键维度。

由此，本书构建出企业 IT 外包采纳决策模型，如图 4.1 所示。

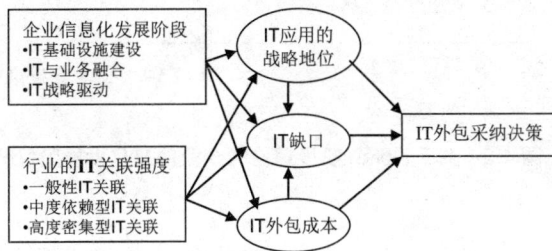

**图 4.1　企业 IT 外包采纳决策模型**

## 一、企业信息化发展阶段分析

Nolan 阶段理论（Nolan R.L., 1973, 1982）是企业信息化成长过程研究领域中颇具影响的一个经典理论，由美国哈佛大学教授理查德·诺兰（Richard Nolan）创立。按照 Nolan 阶段理论，如图 4.2 所示，处于网络时代的现代企业，其信息化发展要经历引入、传播、控制和集成四个阶段。阶段 1——引入阶段的主要特征是企业在 IT 上的投资很少，IT 应用是有限的、试探性的，其主要目的在于验证技术对企业的价值。阶段 2——传播，这一阶段"S"形曲线的迅速提升部分则反映了 IT 技术在组织中迅速扩散，组织学习过程迅速推进，IT 应用于在企业中相对失控地展开的一个时期，最终，这种传播达到饱和，当 IT 扩散的速度降低到一个可控的水平，企业 IT 成长过程就进入了阶段 3，即控制阶段。阶段 4——集成阶段，组织学习曲线趋于平缓，企业积累了足够的经验，在管理控制和应用发展之间实现了平衡。在这个阶段，企业掌握了主流的技术应用形式，并为主流技术应用形式的重大革新及下一轮的成长过程（下一条"S"形曲线）做好了准备。

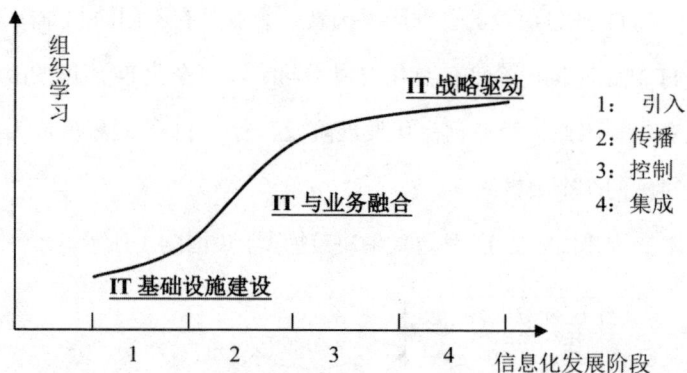

**图 4.2　基于 Nolan 阶段理论的企业信息化发展阶段分析**

　　根据 Nolan 阶段理论，本书认为，企业的 IT 应用战略路径可归纳为三个关键路径，即 IT 基础设施建设、IT 与业务融合和 IT 战略驱动。引入阶段和扩散阶段可以看作是企业 IT 基础设施建设阶段，在这一阶段，企业 IT 活动主要以 IT 基础设施的整体规划、硬件设备和软件系统的采购、安装、调试、维护和运营等 IT 活动为主。因此，企业的 IT 需求以 IT 基础设施的正常运营维护为主，随着企业 IT 基础设施不断完善和成熟，企业会表现出对 IT 技术性技能、IT 开发、IT 高效运营技能的需求逐渐增加。

　　控制阶段，企业业务运营对 IT 依赖程度明显，IT 不仅支持业务运营，同时也成为企业战略的实现手段，这一阶段可以看作 IT 与业务融合阶段。这一阶段，IT 对业务的理解增加、IT 与业务的关系管理显得愈加重要，IT 与企业业务的融合程度逐渐加深，企业逐渐形成自己的 IT 文化资源，同时企业对 IT 高层次人力资源的需求增加。

　　集成阶段，企业 IT 发展相对趋于成熟，IT 不仅能够运行企业的业务，而且可以改造企业的业务，在某种程度上引导企业的管理变革，因此这一阶段企业的

IT 需求变得复杂动态多变，IT 的战略地位更加显著。我们把这一阶段称为 IT 战略驱动阶段。

## 二、企业所处行业的 IT 关联程度

行业的 IT 关联程度是指行业对 IT 的依赖程度。Chatman and Jehn（1994）提出行业的技术关联程度是一个从"长期连接"过渡到"中度依赖"再到"高度密集"的一个连续闭集。借鉴 Chatman and Jehn（1994）提出的行业的技术关联程度这一观点，本书认为，IT 作为现代企业的重要技术类型之一，可以将行业的 IT 关联程度分为三类，即一般性 IT 关联、中度依赖型 IT 关联和高度密集型 IT 关联。

一般性 IT 关联，是指企业业务与 IT 之间长期而普遍的关联，IT 一般用以支持企业业务运作，企业对 IT 需求较为明确和完整，而与企业战略的相关则较少，IT 活动或项目的复杂程度较低，企业所需的 IT 产品或服务的商品成熟度较高。

中度依赖型 IT 关联，不仅支持企业业务运作，同时驱动企业业务，支持企业的战略实现，成为其实现手段。IT 活动的常规性较低，给外包商规模经济的杠杆作用和学习客户的优势带来了困难。

高度密集型 IT 关联，IT 驱动并赋能企业业务，IT 已经成为企业战略的一部分，与战略密不可分。工作的高度客户化定制需求和解决问题能力的要求，使得全面的 / 整体 IT 外包在此类行业中很难成功。

# 第三节 基于调查的企业 IT 外包采纳决策研究

调查（survey）是以研究样本（被调查者）回答问题的数据为基础辨析总体状况的一种实证研究方法，调查研究中常用的数据收集方式包括结构性问卷和访谈（李怀祖，2004）。本书基于调查法，通过结构性问卷调查和企业访谈相结合

的方式，获取企业 IT 外包的相关决策信息，进行统计分析研究，以考察企业 IT 外包决策的关键要素。

## 一、问卷设计

问卷设计首先是在研究课题小组讨论的基础上，形成问卷初稿，研究课题小组包括信息系统与信息管理专业的教授 2 人、博士生 3 人、企业 IT 主管 2 人和专职资深 IT 专家 2 人，然后进行了问卷的小规模测试，对问卷量表进行修订，形成最终测试问卷。

调研问卷的第一部分是企业基本信息描述，包括企业性质、所处行业、员工规模等；第二部分是企业信息技术应用的基本情况，包括企业实施信息化开始年代、专职 IT 员工规模、主要的 IT 应用分布等；第三部分是企业 IT 外包情况的问题，包括是否已经外包、不外包的原因、已经外包哪些 IT 活动及影响外包决策因素的指标评价等。

在设计问卷外包决策因素指标时，本书借鉴并参考了已有的文献成果（如 Reyes Gonzalez et al., 2005; Jérôme Barthélemy and Dominique Geyer, 2005; Alner, 2000; Smith M.A.et al.,1998），其中 Reyes Gonzalez et al.（2005）以 306 个西班牙大型企业为研究样本，分析企业采纳外包的主要原因。实证研究结果表明，排在前三位的外包原因是：关注 IT 战略、提高 IT 部门柔性和改进 IT 质量，其次是减少 IT 日常运营中的"小麻烦"（elimination of troublesome, everyday problems）、精简 IT 员工和提高对新技术的应用，而技术成本的缩减、为内部 IT 活动提供可替代的因素频次排名靠后。Jérôme Barthélemy and Dominique Geyer（2005）分析了 160 个样本（61 个法国企业和 99 个德国企业）的外包决策影响因素，结果显示：资产专用性、内部 IT 部门效率和价值，以及企业专有特征如行业关联程度、制度环境等对外包决策具有显著影响。

在已有文献研究的基础上，结合课题调研中的部分企业访谈和问卷初步测试过程后，本书将 IT 外包决策影响因素通过 10 个指标来进行调查分析，具体如表 4.1 所示。近期的外包文献研究中，有学者提出在东西方不同文化背景下，企业 IT 外包决策影响因素并不完全相同（Subhashish Samaddar and Savitha Kadiyala,2006）。本书在设计问卷指标过程中，通过企业访谈也发现了存在着某种差异，即本书设计的指标中 F7——信息化需求迫切，就属于新增指标。

**表 4.1 企业 IT 外包决策影响因素指标**

| 外包考虑因素 | 参考文献 |
| --- | --- |
| F1：缩减或控制 IT 成本 | Alner（2000, pp.35-40）；<br>Ang and Straub（1998, p.23） |
| F2：IT 技术不足 | Reyes Gonzalez et al.（2005, p129）；<br>Baldwing L.P. et al.（2001, p.23） |
| F3：企业战略需要 | Smith M.A. et al.（1998, pp.64-65）；<br>Reyes Gonzalez et al.（2005, p129） |
| F4：外包商专业服务水准 | Jahyun Goo et al.（2007, p13） |
| F5：IT 专业人士缺乏 | Alner（2000, pp.35-40）；<br>Reyes Gonzalez et al.（2005, p129） |
| F6：核心业务与外包 IT 不太相关 | Smith M.A.et al.（1998, pp.64-65）；<br>Grover, V. et al.（1996, p63）；<br>Boonlert Watjatrakul（2005, p404） |
| F7：信息化需求迫切 | 根据企业访谈和小规模问卷测试后，<br>本书新增指标 |
| F8：企业 IT 部门效率低 | Baldwing, L.P. et al.（2001, p23） |
| F9：财务方面因素 | Ang and Straub（1998, p23）；<br>Ojelanki K. Ngwenyama（1999, pp354-355） |
| F10：精简 IT 员工规模 | Reyes Gonzalez et al.（2005, p129） |

通过部分企业访谈后发现，国内许多企业尤其是在行业关联程度高并且企业信息化处于起步阶段的企业中表现比较明显，信息化发展需求成为其 IT 外包决策中的关键影响因素。而这一指标在已有文献中没有涉及的原因，我们认为这主要

是由于现有 IT 外包文献研究的企业背景、IT 发展情景多集中在信息化程度发展相对较高的欧、美、日、韩和我国台湾等国家和地区，而中国大陆地区的信息化发展正处于快速成长阶段。综合上述分析，本书在问卷中增加了这一指标。

## 二、数据收集与处理方法

本课题问卷调研的填写方式主要采用 e-mail、电话和企业访谈等多种形式完成。调研的主要对象为企业 IT 部门主管、5 年以上从业经历的资深 IT 员工和主管 IT 工作的企业高层领导。从 2006 年 10 月开始，截至 2008 年 2 月，共发放问卷 500 份，回收 227 份，问卷回收率为 45.5%，其中有效问卷 161 份，问卷有效率为 70.9%。

本书按照企业是否实施外包，将样本类型分为三类，第一类是已经实施外包的企业，第二类是目前没有外包 IT 但近期打算外包——有外包意图的企业，第三类是未实施外包近期也不打算实施外包的企业——不采纳 IT 外包的企业。企业 IT 外包样本的外包类型分布如表 4.2 所示。第一类企业样本是正式的 IT 外包客户，第二类企业样本是潜在的 IT 外包客户，这两类样本都可视为企业 IT 外包的客户群，占到总样本数量的 73.3%，第三类不外包的企业样本数量为 26.7%。根据《国民经济行业分类》国家标准（GB/T 4754—2011）和企业规模分类标准对样本统计的结果如表 4.3 和表 4.4 所示。

表 4.2　样本 IT 外包类型分布

| 样本 IT 外包类型 | 样本数量（百分比） |
| --- | --- |
| 1 已经实施外包 | 91（56.5%） |
| 2 近期打算外包 | 27（16.8%） |
| 3 不外包 | 43（26.7%） |
| 总计 | 161（100%） |

表 4.3　样本行业分布统计

| 样本类型／所处行业 | 频次（百分比） | | | |
|---|---|---|---|---|
| | Ⅰ类 | Ⅱ类 | Ⅲ类 | 总计 |
| 制造业 | 32（35.2%） | 14（52.9%） | 10（23.3%） | 56（34.8%） |
| 信息传输、计算机服务和软件业 | 27（29.7%） | 8（29.6%） | 25（58.1%） | 59（36.6%） |
| 采矿业／建筑／化工 | 11（12.1%） | 2（7.4%） | 3（7.0%） | 15（9.3%） |
| 批发和零售业 | 9（9.9%） | 2（7.4%） | 2（4.7%） | 13（8.1%） |
| 金融业 | 7（7.7%） | 0 | 2（4.7%） | 8（5.0%） |
| 住宿和餐饮业 | 3（3.3%） | 0 | 0 | 2（1.2%） |
| 其他 | 2（2.2%） | 1（3.7%） | 1（2.3%） | 4（2.5%） |
| 全部 | 91（100%） | 27（100%） | 43（100%） | 161（100%） |

表 4.4　样本企业规模分布

| 样本类型／所处行业 | 频次（百分比） | | | |
|---|---|---|---|---|
| | Ⅰ类 | Ⅱ类 | Ⅲ类 | 总计 |
| 大型企业 | 46（50.5%） | 7（25.9%） | 17（39.5%） | 70（43.48%） |
| 中型企业 | 26（28.6%） | 9（33.3%） | 11（25.6%） | 46（28.57%） |
| 小型企业 | 19（20.9%） | 11（40.7%） | 15（34.9%） | 45（27.95%） |
| 总计 | 91（100%） | 27（100%） | 43（100%） | 161（100%） |

从表 4.5 可以看出，91 个样本中的外包项目分析，IT 基础设施系统的运营维护是样本企业中选择最多的外包活动，其次是应用系统的开发、维护与实施，然后是企业的网站设计与维护、网络设施与服务器维护，分布较少的是数据中心和系统集成等。

表 4.5　Ⅰ类样本正在实施 IT 外包活动 / 项目分布

| 外包 IT 活动 / 项目 | 频次（百分比） |
|---|---|
| IT 基础设施系统等日常运营维护 | 38（41.8%） |
| 应用系统的开发、维护、实施 | 28（30.8%） |
| 网络、服务器等相关设施维护 | 27（29.7%） |
| 企业网站设计与维护 | 27（29.7%） |
| 数据中心运营 | 14（15.4%） |
| 系统集成 | 12（13.2%） |
| 其他 | 5（5.5%） |

在 2 类 27 个样本近期有外包意图的企业，准备外包的 IT 活动 / 项目分布如表 4.6 所示，从 2 类样本准备外包项目分布来看，应用系统开发、维护和实施、企业网站设计与维护选择较多，IT 运营服务和网络、服务器设施维护居中，系统集成排在最后。

对 3 类企业样本的不外包原因分析，问卷中列出了没有选择外包原因的选项 5 个，请被试 / 受访者选出他们认为最重要的两个原因。在 43 个样本中，有 58.1% 的问卷答复担忧外包后有风险，觉得自己外包可能失去对 IT 的控制；53.5% 样本不确定要外包哪些 IT 活动 / 功能；34.9% 选择 IT 应用是企业核心竞争力来源，不能外包；30.2% 认为对目前内部 IT 部门服务比较满意，没有外包需求；27.9% 认为外包商的服务并不令人满意。其中担忧外包有风险，失去控制恐怕是目前很多企业不选择外包的主要原因，而不确定外包应该外包哪些活动最合适，也是目前很多国内企业所面临的决策问题，这也正是本书所要研究和试图解决的问题——帮助企业识别核心 IT 资源和 IT 能力，有效利用外包优势来提高企业的竞争力。

由于本书主要关注外包企业的决策影响因素，因此主要针对第一类已经外包的 91 个企业样本进行影响因素指标的数据处理和数据分析。

**表 4.6　Ⅱ类样本准备外包项目分布**

| 外包 IT 活动 / 项目 | 样本频次（百分比） |
|---|---|
| 应用系统的开发、维护、实施 | 15（38.5%） |
| 企业网站设计与维护 | 11（28.2%） |
| IT 基础设施系统等日常运营维护 | 6（15.4%） |
| 网络、服务器等相关设施维护 | 4（10.3%） |
| 系统集成 | 3（7.7%） |

## 三、数据分析

### 1. 问卷效度分析

问卷效度分析主要通过指标的构建和筛选来完成。在指标的选取和模型构建过程中，对多方面的研究成果进行了综合，同时进行了问卷的小规模测试，融合了一些专家的意见，问卷最终确定了 10 个测量指标来考察企业 IT 外包决策的影响因素，如表 4.1 所示，每一指标采用李克特 5 级量表（5-point Likert scale）进行测量，对 I 类企业 91 个有效样本进行因子分析，具体因子分析结果如下。

因子相关性检测分析：在因子分析之前，我们首先对样本进行充分性检验，如表 4.7 所示。KMO 测度和巴特莱球球体检测结果显示：KMO 值为 0.711。从统计学角度分析，KMO 在 0.9 以上，非常适合；0.8~0.9，很适合；0.7~0.8，适合；0.6~0.7，不太适合；0.5~0.6，很勉强；0.5 以下，不适合。（马庆国，2002）因此该数据适合做因子分析。表 4.7 中，巴特莱球球体检测的卡方值为 563.86，其显著性概率为 0.000，表明数据具有相关性，适合做因子分析。在此基础上，采用主成分分析法提取因子，按照极大方差法进行因子旋转，具体结果如下。

**表 4.7　KMO 测度和巴特莱球球体检测结果**

| Kaiser-Meyer-Olkin Measure of Sampling Adequacy. | | 0.711 |
|---|---|---|

续 表

| Bartlett's Test of Sphericity | Approx. Chi-Square | 563.860 |
|---|---|---|
| | df | 45 |
| | Sig. | 0.000 |

因子分析：表 4.8 为整体指标因素解释总方差分解（total variance explained）。其中"Initial Eigenvalues Total"列给出了原始数据的相关系数矩阵 R 的特征根的值，"% of Variance"列中给出了所占总体方差的比例，"Cumulative"列给出了所占方差的累积比例。总方差分解表中的数字显示，前 4 个因子的特征根解释了总体方差的 81.683%。左边 10 个成分因素的特征值总和等于 10。转轴后的四个因子特征值分别为 3.065、2.035、1.994、1.074，解释变异量为 30.647%、20.352%、19.943%、10.742%，累积的解释方差为 30.647%、50.999%、70.942%、81.683%。转轴后的特征值不同于转轴前的特征值。

表 4.8  总方差分解表

| 成分 | 初始特征值 | | | 提取平方和载入 | | | 旋转平方和载入 | | |
|---|---|---|---|---|---|---|---|---|---|
| | 合计 | 方差的 % | 累积 % | 合计 | 方差的 % | 累积 % | 合计 | 方差的 % | 累积 % |
| 1 | 4.081 | 40.814 | 40.814 | 4.081 | 40.814 | 40.814 | 3.065 | 30.647 | 30.647 |
| 2 | 2.281 | 22.610 | 63.423 | 2.261 | 22.610 | 63.423 | 2.035 | 20.352 | 50.999 |
| 3 | 1.037 | 10.366 | 73.789 | 1.037 | 10.386 | 73.789 | 1.994 | 19.943 | 70.942 |
| 4 | 0.789 | 7.894 | 81.683 | 0.789 | 7.894 | 81.683 | 1.074 | 10.742 | 81.683 |
| 5 | 0.638 | 6.384 | 88.067 | | | | | | |
| 6 | 0.461 | 4.606 | 92.673 | | | | | | |
| 7 | 0.344 | 3.435 | 96.108 | | | | | | |
| 8 | 0.173 | 1.729 | 97.837 | | | | | | |
| 9 | 0.141 | 1.406 | 99.243 | | | | | | |

续 表

| 成分 | 初始特征值 | | | 提取平方和载入 | | | 旋转平方和载入 | | |
|---|---|---|---|---|---|---|---|---|---|
| | 合计 | 方差的 % | 累积 % | 合计 | 方差的 % | 累积 % | 合计 | 方差的 % | 累积 % |
| 10 | 0.078 | 0.757 | 100.000 | | | | | | |

根据因素的特征值和旋转后的因素矩阵，采用了主成分分析法，抽取出 4 个因子作为共同因子，并使用因子转轴方法中的最大方差法（varimax），转轴后去掉了因素负荷量小于 0.1 的系数，经过 5 次迭代旋转后的各因子负载值如表 4.9 所示，因子得分的相关系数矩阵如表 4.10 所示，从旋转后因子的负载数据可以看出，F7、F2、F3 和 F5 成为共同因子 1，F4、F8 组成共同因子 2，F1 和 F9 构成共同因子 3，F6 是因子 4。

表 4.9　旋转后因子矩阵

| | 因子 | | | |
|---|---|---|---|---|
| | 1 | 2 | 3 | 4 |
| F7：信息化发展迫切需求 | 0.912 | | 0.116 | 0.211 |
| F2：IT 技术不足 | 0.889 | 0.200 | 0.148 | 0.221 |
| F3：企业战略需求 | 0.707 | 0.126 | 0.114 | |
| F5：企业 IT 专业人士缺乏 | 0.647 | 0.568 | —0.172 | |
| F4：外包商专业服务水准 | | 0.890 | —0.335 | |
| F8：企业 IT 部门效率低 | 0.295 | 0.828 | 0.253 | 0.289 |
| F1：控制或缩减 IT 成本 | | -0.111 | 0.876 | |
| F9：财务方面因素 | 0.337 | | 0.769 | —0.178 |
| F10：精简或控制 IT 员工规模 | 0.524 | 0.248 | —0.602 | 0.108 |
| F6：核心业务与 IT 不太相关 | 0.207 | 0.225 | —0.106 | 0.927 |

表 4.10　因子得分系数矩阵

| | 因子 | | | |
|---|---|---|---|---|
| | 1 | 2 | 3 | 4 |
| F1：控制或者缩减 IT 成本 | —0.045 | 0.007 | 0.459 | 0.148 |
| F2：IT 技术不足 | 0.314 | —0.106 | 0.021 | 0.070 |
| F3：企业战略需求 | 0.291 | —0.064 | —0.002 | —0.161 |
| F4：外包商专业服务水准 | —0.165 | 0.580 | —0.056 | —0.141 |
| F5：企业 IT 专业人士缺乏 | 0.177 | 0.234 | —0.085 | 0.233 |
| F6：核心业务与 IT 不太相关 | —0.101 | —0.120 | 0.010 | 0.978 |
| F7：信息化发展迫切需求 | 0.364 | —0.216 | —0.020 | 0.084 |
| F8：企业 IT 部门效率低 | —0.150 | 0.518 | 0.246 | 0.104 |
| F9：财务方面原因 | —0.081 | 0.124 | 0.382 | —0.230 |
| F6：精简或控制 IT 员工规模 | 0.236 | —0.061 | —0.348 | —0.060 |

为了进一步验证因子分析的信度，需要对各指标得分的一致性进行检验，在信度分析中采用了内在一致信度（cronbach's alpha coefficient）方法进行分析。

### 2. 问卷信度分析

问卷统计与分析的信度（reliability，也被称为可靠性检验）是指测量工具所测结果的稳定性和一致性（consistency），即对同一批被试者在同样的测验问卷中，测量多次的结果是否都具有一致性。一致性高的问卷是指同一群人接受性质相同、体型相同、目的相同的各种问卷测量后，在各测量结果间显示出强烈的正相关。稳定性高的工具则是指一群人在不同时间和地点接受同样的测量时，结果显示的差异很小。可靠性本身与测量结果正确与否无关，它的主要作用在于检验测量本身是否稳定。

检验信度的方法大体有四种：再测信度（test-retest reliability）、折半信度（split-half reliability）、副本信度（alternate-form reliability）和内在一致信度。

再测信度是用同一组量表对同一群受访者在不同时间答复问卷，前后答复的指标得分间的相关系数，也被称为稳定系数（coefficient of stability）。检测再测信度通常会面临一定的困难，问卷间隔时间越长，信度越低；再次测试之前，若同一被试有重大变故改变了被试者的态度，造成获得的量表信度无法确定，也给再次获得量表数据带来困难。

折半信度是指同样的量表由同一群被试者仅作一次，在利用折半的原则，将量表等分为二，此两部分的分数之间相关程度即为折半信度。

副本信度是利用两份内容相似的量表（原本和副本），访问同一群被试者。原本和副本所得结果的相关系数就是副本信度。采用副本信度方法可以修正再测信度的很多缺点，但难题是很难找到所谓的"等值副本"。同时，副本系数的值通常和内在一致性信度很接近。

内在一致信度是指每一个量表是否测量单一概念，同时组成量表题项的内在一致性程度如何。再测信度和副本信度检验分别考虑了测量一致性（稳定性）和扩展形式的一致性（等值性），而内容内在一致性信度主要反映了问卷测试内容题目之间的关系，考察量表的各个题目是否测量了相同的内容和性质。由于再测信度、折半信度和复本信度检测难度大、缺点多，因此本书主要采用内在一致性进行检测。采用 Cronbach's alpha 系数对因子进行内在一致性检验结果。

经统计分析，指标总体一致性检验结果为：Cronbach's alpha 系数为 0.799，标准化后的 Cronbach's alpha 系数为 0.804，各分量表的 Cronbach's alpha 系数及指标的均值、标准离差值统计如表 4.11 所示，10 个指标的内在相关矩阵如表 4.12 所示。

一般来说，若 Cronbach's a<0.35 为低可靠性，0.35 ≤ Cronbach's a<0.7，则可以接受，Cronbach's a>0.7 属于高可靠性（马国庆，2004）。10 个指标中最大 Cronbach's alpha 系数为 0.815，最小的 0.741，表明这 10 个指标的有效性符合统计要求。

表 4.11 各指标内部一致性检验、均值、标准偏差统计结果

|  | 平均得分 | 方差 | 相关系数 | R2 值 | Cronbach's alpha 系数 | 均值 | 标准偏差值 |
|---|---|---|---|---|---|---|---|
| F1 | 29.7582 | 38.519 | 0.005 | 0.503 | 0.815 | 3.8901 | 0.58596 |
| F2 | 30.7912 | 28.278 | 0.776 | 0.873 | 0.741 | 2.8571 | 1.13109 |
| F3 | 30.0110 | 32.255 | 0.508 | 0.403 | 0.777 | 3.6374 | 0.98338 |
| F4 | 30.3516 | 30.097 | 0.404 | 0.773 | 0.799 | 3.2967 | 1.48694 |
| F5 | 30.1978 | 29.605 | 0.720 | 0.718 | 0.751 | 3.4505 | 1.04630 |
| F6 | 29.4945 | 35.342 | 0.421 | 0.395 | 0.789 | 4.1538 | 0.63110 |
| F7 | 30.9670 | 31.210 | 0.728 | 0.816 | 0.757 | 2.6813 | 0.85478 |
| F8 | 30.3736 | 30.614 | 0.697 | 0.788 | 0.756 | 3.2747 | 0.95529 |
| F9 | 30.3187 | 35.420 | 0.178 | 0.470 | 0.815 | 3.3297 | 1.08582 |
| F10 | 30.5714 | 30.781 | 0.419 | 0.571 | 0.792 | 3.0769 | 1.35180 |

表 4.12 指标内在相关矩阵

|  | F1 | F2 | F3 | F4 | F5 | F6 | F7 | F8 | F9 | F10 |
|---|---|---|---|---|---|---|---|---|---|---|
| F1 | 1.000 | | | | | | | | | |
| F2 | 00.177 | 1.000 | | | | | | | | |
| F3 | 00.104 | 0.582 | 1.000 | | | | | | | |
| F4 | —00.332 | 0.191 | 0.173 | 1.000 | | | | | | |
| F5 | —00.136 | 0.703 | 0.344 | 0.549 | 1.000 | | | | | |
| F6 | —0.074 | 0.389 | 0.180 | 0.342 | 0.298 | 1.000 | | | | |
| F7 | 0.196 | 0.883 | 0.562 | 0.136 | 0.622 | 0.360 | 1.000 | | | |
| F8 | 0.134 | 0.551 | 0.379 | 0.654 | 0.586 | 0.464 | 0.408 | 1.000 | | |
| F9 | 0.581 | 0.346 | 0.248 | —0.178 | 0.083 | —0.091 | 0.342 | 0.254 | 1.000 | |
| F10 | —0.382 | 0.392 | 0.239 | 0.508 | 0.502 | 0.338 | 0.416 | 0.207 | —0.161 | 1.000 |

为了进一步验证企业信息化发展阶段和行业的 IT 关联程度对企业 IT 外包决策是否具有显著影响，我们对已经实施外包的 91 个企业样本进行多因素方差分析。

### 3. 多因素方差分析

本书采用多因素方差分析方法，来分析验证行业的 IT 关联程度和信息化发展阶段这两个维度对企业外包决策行为的影响。根据企业所处行业类型，借鉴 Reyes Gonzalez et al.（2005）和 Jerome Barthelemy et al.（2005）的变量设计，初步划分行业的 IT 关联程度，其中信息传输、计算机服务和软件业、金融业（银行、证券服务）、物流、航空等属于 IT 高度关联，制造业、采矿业、建筑、化工、批发和零售业等属于中度关联，其他企业为一般关联。另外，在问卷设计中用"高度相关""中等相关"和"一般相关"三个等级来考量受访者的自我评价。从行业关联度这一评价指标的两个得分来看，85% 的评价得分一致，因此其他不一致的得分参照上述的 IT 行业关联划分。

对企业的信息化发展阶段这一维度，本书将其划分为三个阶段：IT 基础设施建设、IT 与业务融合和 IT 战略驱动。问卷中除了让受访者进行企业信息化发展的自我评价外，同时针对企业 IT 应用的现状设计了相关问题，包括企业开始信息化建设的初始时间、IT 员工规模、IT 资产规模、企业 IT 应用系统等选项，两者进行综合比较后，最后确定每一样本的信息化发展阶段指标得分。

企业外包范围作为考察的因变量，参考了具体的外包项目、外包项目的资产专用性程度、外包项目的资金规模等，借鉴 Lacity Mary C. and Willcocks Leslie p.（1998）对外包程度的划分，最后确定以外包项目资金规模占据总 IT 预算的比例为标准，划分出 20% 以下、20%~80%、80% 以上三个层次，来最后确定外包范围的指标得分。

应用多因素方差分析方法，分析企业所处行业 IT 关联程度、信息化发展水平（IT 应用程度）对企业外包范围的影响结果如图 4.3 所示，方差齐性检验结果如图 4.4 所示。

**Tests of Between-Subjects Effects**

Dependent Variable: 外包范围

| Source | Type III Sum of Squares | df | Mean Square | F | Sig. |
|---|---|---|---|---|---|
| Corrected Model | 560.984a | 7 | 80.141 | 9.150 | 0.000 |
| Intercept | 3355.985 | 1 | 3355.985 | 383.163 | 0.000 |
| ITINTENS | 100.316 | 2 | 50.158 | 5.727 | 0.004 |
| INFORMAT | 67.114 | 2 | 33.557 | 3.831 | 0.023 |
| ITINTENS * INFORMAT | 439.421 | 3 | 146.474 | 16.723 | 0.000 |
| Error | 3258.216 | 372 | 8.759 | | |
| Total | 20372.000 | 380 | | | |
| Corrected Total | 3819.200 | 379 | | | |

a. R Squared = .147 (Adjusted R Squared = .131)

**图 4.3 方差分析结果**

（注：ITINTENS 表示企业所处行业的 IT 关联程度； INFORMAT 表示企业的信息化发展阶段；ITINTENS* INFORMAT 表示行业 IT 关联程度和信息化发展阶段的交互作用）

**Levene's Test of Equality of Error Variances**

Dependent Variable: 外包范围

| F | df1 | df2 | Sig. |
|---|---|---|---|
| 9.358 | 7 | 372 | .000 |

Tests the null hypothesis that the error variance of the dependent variable is equal across groups.

a. Design: Intercept+itintens+informat+itintens * informat

**图 4.4 方差齐性检验结果**

方差分析数据结果显示：

——行业 IT 关联程度对外包范围的方差分析结果，F=5.727，相应的显著性概率 P=0.004<0.05，说明行业 IT 关联程度对外包范围的作用已达到显著差异水平。

——企业信息化发展程度对外包范围的方差分析结果：F=3.831，相应的显著性概率 P=0.023>0.05，说明信息化发展程度对外包范围的影响作用未达到显著差异水平。

——行业 IT 关联程度与企业信息化发展程度的交互作用对外包范围的方差分析结果：F=16.723，相应的显著性概率 P=0.000<0.05，表明上述两个因素交互作用对企业外包范围的影响最为明显，差异水平最为显著。

图 4.4 给出的方差齐性检验结果显示，F=9.358，其显著性概率为 P=0.000<0.05，表明不具有方差齐性。为进一步分析行业 IT 关联程度对企业外包范围的影响，对行业 IT 关联程度的影响均值进行两两双重比较 t 检验，其结果如图 4.5 所示。由于方差齐性检验结果不具有方差齐性，所以应当选择 Tamhance（方差不相等、没有正态分布假设的前提）给出的数据结果。从图 4.5 中给出的显著性概率来看，行业 IT 关联度对外包范围的影响作用比较中，一般相关和中度相关的影响作用相比具有显著性差异，而一般相关和高度相关、中度相关和高度相关之间没有表现出显著性差异。

**Multiple Comparisons**

Dependent Variable: 外包范围

| (I) 行 | (J) 行 | Mean Difference (I-J) | Std. Error | Sig. | 95% Confidence Interval | |
|---|---|---|---|---|---|---|
| | | | | | Lower Bound | Upper Bound |
| LSD 一般相关 | 中度相关 | 1.5481* | .48848 | .002 | .5875 | 2.5086 |
| | 高度相关 | 1.2008* | .48191 | .013 | .2531 | 2.1484 |
| 中度相关 | 一般相关 | -1.5481* | .48848 | .002 | -2.5086 | -.5875 |
| | 高度相关 | -.3473 | .32544 | .287 | -.9872 | .2926 |
| 高度相关 | 一般相关 | -1.2008* | .48191 | .013 | -2.1484 | -.2531 |
| | 中度相关 | .3473 | .32544 | .287 | -.2926 | .9872 |
| Tamhane 一般相关 | 中度相关 | 1.5481* | .49949 | .008 | .3262 | 2.7700 |
| | 高度相关 | 1.2008 | .52224 | .070 | -.0721 | 2.4736 |
| 中度相关 | 一般相关 | -1.5481* | .49949 | .008 | -2.7700 | -.3262 |
| | 高度相关 | -.3473 | .34099 | .670 | -1.1657 | .4711 |
| 高度相关 | 一般相关 | -1.2008 | .52224 | .070 | -2.4736 | .0721 |
| | 中度相关 | .3473 | .34099 | .670 | -.4711 | 1.1657 |

Based on observed means.

*. The mean difference is significant at the .05 level.

图 4.5　两两 t 检验的结果

# 第四节　实证分析结果及讨论

基于第三节的数据分析结果，接下来在本节展开进一步讨论，来分析验证 IT 外包采纳决策模型。

## 一、企业 IT 外包采纳决策关键要素分析

根据 91 个外包样本因子分析结果，可以将影响企业采纳 IT 外包决策的共同因素归结为以下四个方面。

（1）信息化发展需求所产生的事前限制 IT 资源缺口。因子 1 中，F7：企业的信息化发展迫切需要和 F2：IT 技术不足起着主要的影响作用，其次是 F3：企业战略需求和 F5：IT 专业人员缺乏，这反映出调查样本企业中对信息化的需求很高，但由于企业自身的 IT 技术不足和专业人员缺乏，加上企业战略需求的影响，此时企业倾向于选择外包来快速提高企业的信息化水平。这表明，企业的信息化迫切需求与现有 IT 资源和 IT 能力之间存在显著的不匹配状态，意味着企业存在事前限制性 IT 资源的缺口——IT 基础设施缺口和 IT 技术性技能缺口，而这类 IT 缺口对于企业获得竞争优势具有一定的影响，选择外包来快速填补企业的 IT 资源缺口，获取补偿性的 IT 资源成为企业的战略选择。因此，可以将这一因子归结为 IT 外包决策中企业信息化发展的战略需求因素，通过外包可以帮助企业弥补对 IT 基础设施、专业 IT 技术能力的不足，表明事前限制 IT 资源缺口是企业采纳 IT 外包决策的主要影响因素。

（2）IT 效率因素所产生的 IT 高效运行资源缺口。因子 2 中，F4：外包商的专业服务水准和 F8：内部 IT 部门效率低的影响作用显著，表明企业外包很重要的决策影响因素来自于对外包商的专业服务水准的考虑，同时对企业内部 IT 部门的效率感到不满，希望通过外包方式帮助企业提高 IT 效率，获取新的专业的 IT 技术，弥补企业 IT 效率不高的问题。这意味着企业存在着 IT 高效运营资源缺口，影响着企业的 IT 外包决策。那么，这一因子可以归结为 IT 高效服务效率因素。当企业信息化程度发展到一定阶段，IT 部门逐渐庞大，IT 管理成本增加，将一些可替代较高的、任务复杂程度较低、需求相对明确的 IT 项目、IT 活动如 help-desk、网络布线、数据中心等外包给专业外包商后，能够提高企业 IT 管理的柔性需求，提高企业 IT 服务效率。因此，可以将这一关键因素归结为 IT 柔性管理考虑，

表明企业的 IT 柔性管理缺口是影响企业采纳 IT 决策的主要因素。

（3）IT 外包成本因素及其所产生的 IT 资金缺口。因子 3 中控制或缩减 IT 成本和财务原因的影响作用较大，这表明 IT 成本是外包决策中一个重要影响因素，反映出企业希望通过外包来控制或缩减 IT 成本。在竞争日趋白热化的市场当中，成本的控制与优化是企业的核心竞争力之一。最大限度地优化成本，实现可衡量的商业价值（ROI）是每个企业的追求，这是企业 CIO（首席信息官）所面临的严峻挑战。一方面，高速发展的信息技术给商业带来了巨大的变化、信息技术的应用相应地提高了企业竞争力，另一方面，大幅攀升的 IT 投资和运营成本也成了企业的巨大负担。同时也再次验证了交易成本理论中对外包成本的分析，因此这一因子可以归结为 IT 外包成本因素。

（4）IT 与核心业务的关系——IT 应用的战略地位。因子 4 中只有核心业务与 IT 不太相关的影响作用显著，表明现有 91 个有效样本中，企业外包的 IT 活动很少涉及企业的核心业务层面。也就是说，企业实施 IT 外包的目的是能够集中有限的企业资源来更好地关注核心业务，合理利用企业有限的资源来提高核心竞争力。这一因子的提取验证了企业外包决策更多地选择非核心业务进行外包的考虑，有效识别和评估核心 IT 资源成为企业 IT 外包决策中的另一个关键问题，本书在第五章对企业 IT 外包决策的核心 IT 资源识别和评估进行专门分析研究。

另外，需要说明的是，在问卷调查中的 10 个指标中只有 F10：精简或控制 IT 员工规模在目前 91 个有效样本分析中因子负载值较低，在 IT 外包决策过程中没有显著影响。那么企业是否需要一个庞大的 IT 部门来支撑整个企业的 IT 运营管理活动，是否希望通过实施 IT 外包来有效控制内部 IT 员工规模的增加，在本课题的调研分析中并没有给出清晰的说明。

为了进一步分析这一问题，我们从现有 91 个有效样本中的企业 IT 部门员工规模分布来看，IT 部门规模在 20 人以下的样本有 59 个，占 64.8%；20~50 人的有 21 个，占 23.1%；50 人以上的为 11 个，占 12.1%。可以说，20 人以下的专职 IT 人员规模是企业 IT 规模的一个分水岭。我们在进行企业访谈的过程中，大多数 IT 部门主管也认为 20 人的 IT 规模是企业当前 IT 员工数量的一个发展"瓶颈"。因此，我们分析认为，由于现有样本中企业 IT 规模并不庞大，那么缩减企业 IT 规模这一因素在外包决策中影响并不显著也有了较为合理的解释。但随着企业信息化不断发展，IT 规模也会发生变化，如果有逐渐扩大的趋势，那么是否会影响到企业 IT 外包决策？这个问题还有待进一步探讨。

综上分析，可以认为 IT 缺口、IT 应用的战略地位、IT 外包成本在企业采纳外包决策中具有显著的影响，验证了本书的 IT 外包采纳决策模型。同时也可以看出，外包客户企业对于外包商的专业服务水准具有较高的预期。也就是说，外包商所具有的 IT 专业服务能力、IT 产品和服务的规模经济效应等为企业利用外包来获取 IT 资源、填补 IT 缺口提供了一种战略选择。

## 二、企业 IT 缺口识别

多因素方差分析结果表明，企业的行业 IT 关联程度和信息化发展阶段两个因素的交互作用，对企业外包范围决策的显著差异水平最高。从单一因素影响来看，虽然行业 IT 关联程度对外包范围的影响水平也具有显著差异，但在两两多重比较时，只有一般和中度之间比较具有显著差异，并没有表现出明显的差异性；而信息化发展阶段对外包范围的影响并未出现显著差异。

在现有文献研究中，行业的 IT 关联程度是考察 IT 外包决策的一个维度，但很少有文献将企业信息化发展阶段视为 IT 外包决策的一个重要维度。通过上述方差分析结果显示，信息化发展阶段和行业 IT 关联程度交互作用对企业外包决策范围具有显著影响。由此可以得出，行业 IT 关联程度和信息化发展阶段的交互作用形成了企业不同类型的 IT 缺口，并对企业选择的 IT 外包范围具有显著的影响作用，因此企业信息化发展阶段、所处行业的 IT 关联程度构成了识别 IT 缺口的两个关键维度。

有效识别 IT 缺口是企业 IT 资源获取决策的核心问题。企业如果不及时调整

IT 资源获取（IT sourcing strategy）战略来填补企业的 IT 缺口，当企业的 IT 缺口逐渐扩大到一定程度，将直接影响到企业业务运营、管理效率和战略发展。企业从开始应用信息技术，即进入信息化发展的初期——IT 基础设施建设阶段，到企业业务流程，不断与 IT 相互融合——IT 与业务融合阶段，直至逐渐发展到 IT 战略驱动阶段，企业的 IT 需求和 IT 资源、IT 能力提供的 IT 产品和服务之间匹配关系也在不断变化，产生的 IT 缺口具有不同的表现特征。

综合上述因子分析结果，本书将企业的 IT 缺口类型划分为：事前限制 IT 资源缺口——IT 基础设施缺口、IT 技术性技能缺口、IT 高效运营缺口，事后限制 IT 资源缺口——IT 内外部关系管理缺口、IT 文化资源缺口和 IT 使能的无形资源缺口。毕竟事前限制类 IT 资源可以通过外包来获取，是企业外包战略的选择范围，而事后限制类 IT 资源则很难从企业外部和中间市场来获取。那么评估企业 IT 缺口，实质上就是对企业 IT 资源所具备的独特性进行评价。

企业信息化发展初期，IT 基础设施类资源是满足企业应用 IT 来获得竞争优势的基础，IT 基础设施资源的获取成为企业 IT 应用的必要条件，那么这一阶段的 IT 缺口可以看作事前限制 IT 资源的缺口，通常表现为企业 IT 资金不足，无力购买相关的硬件设备或软件平台等，或者在 IT 架构和设计规划上受到 IT 预算的限制；当企业 IT 基础设施建设初步能够满足日常业务运营的需求，那么对 IT 基础设施资源的运行和维护问题凸显出来，包括 IT 运营的稳定性、不间断性和持续发展等，那么此时对专业的 IT 技能需求提高，容易产生 IT 技术性技能缺口。而随着 IT 应用范围不断扩大，程度不断加深，企业的业务流程、管理模式、战略发展等越来越多地依赖于 IT 的高效运营，此时则会产生 IT 高效运营缺口。基于这一研究结果，本书将在第七章进一步分析在这两个维度下企业 IT 外包实施方案的变化。

# 第五节　本章小结

　　本章以中国大陆企业为研究样本，通过问卷调查和企业访谈相结合的方法，对中国大陆企业实施 IT 外包决策行为进行了实证分析。统计结果表明，企业的信息化发展需求、IT 效率、IT 外包成本和 IT 应用的战略地位成为影响这些企业的关键因子，同时企业所处行业的 IT 关联程度和信息化发展阶段的交互作用对于企业 IT 外包范围具有显著影响。

　　上述实证研究结果一方面验证了本书构建的 IT 外包采纳决策模型，另一方面为进一步分析企业 IT 外包模式设计奠定了研究基础。

# 第五章 企业 IT 外包模式设计研究

如前所述，企业 IT 缺口是驱动企业采纳 IT 外包决策的关键因素，IT 应用的战略地位和 IT 外包成本影响着企业通过外包来获取补充性 IT 资源填补 IT 缺口的决策行为，同时行业 IT 关联程度和信息化发展阶段的交互作用产生了不同类型的 IT 缺口，并对 IT 范围具有显著的影响作用。那么企业在采纳 IT 外包决策后，进入 IT 外包设计阶段，确定 IT 外包范围、评估外包商等成为企业 IT 外包设计阶段的主要任务，即进行 IT 外包模式设计。

本章的主要工作就是在已有的研究基础上，研究 IT 外包模式设计，主要分析提出多维度 IT 外包模式设计分析框架，构建 IT 外包模式的 ANP 模型，应用超级决策（super decision, SD）软件进行具体实例分析和模型应用，并对 IT 外包商的选择进行分析。

## 第一节　相关研究综述

决策主体在 IT 外包发起阶段主要面临是否采纳 IT 外包这一决策问题，那么进入外包设计阶段就要解决外包什么、外包给谁等 IT 外包模式设计问题。这两个阶段之间是相互关联的，IT 外包的采纳驱动要素影响和决定着决策主体如何进行外包模式设计以满足最初的外包动机需求，两者存在一定的因果关系。IT 外包模式设计包含了确定 IT 外包范围、选择 IT 外包商和签订外包合同等一系列决策任务，是 IT 外包决策过程中的核心问题。

综合已有文献分析可以看出，影响 IT 外包范围决策的因素是多层面的，包括经济因素、战略因素、社会因素和技术因素等，出现了多种理论分析框架。Grover et al.（1996）提出了一个包括经济因素和战略因素（内部资源的缺乏）的概念决策模型。之后 Thomas kern et al.（2002）进一步扩展了该模型，他们的实证研究发现：成本和内部 IT 缺乏的补偿性对企业的外包决策产生很大影响。Benoit A. Auber et al.（2004）基于交易成本理论和不完全契约理论，提出 IT 运营活动的特征包括"资产专用性""不确定性""业务型技能"（business skill）和"技术型技能"（technology skill），从 IT 运营活动特征的不同层面分析其对外包程度的影响，分析结果显示不确定性和 IT 绩效的难以测量性与 IT 外包决策显著负相关，技术技能与 IT 外包决策正相关，而业务技能对 IT 外包决策没有显著影响，资产专用性与 IT 外包决策的关联性统计分析存在冲突。

此外，Lee and Kim（1999）从社会理论的视角分析了外包客户与外包商的关系，认为信任、沟通和业务理解等因素直接影响外包的决策，进而影响外包的成功，而高信任会产生成功的外包关系。

选择合适的外包商是决定外包绩效、外包结果的重要因素，在某种程度上决定着外包的成功。而了解并识别 IT 外包商是选择的基础和关键。Currie and Willcocks（1998）从"外包规模""客户与外包商相互依赖性"和"风险规避"三个层面，采用多个案例方法分析了四种类型的 IT 资源获取决策（IT sourcing decision），包括整体外包、多供应商模式、合资经营或战略联盟、内包，他们认为理性化、成本缩减、对内部 IT 服务的不满、市场不确定性和业务、制度条件引发的问题等影响着组织外包 IT 的安排和部署。

Tzu-Chuan Chou et al.（2006）通过案例分析台湾高科技企业的 IT 外包，探讨了社会资本对 IT 外包决策的影响。他们从社会资本的结构、关系和认知层面通过案例分析了企业选择 IT 外包商的决策过程，提出四种典型的关系联结——技术来源联结（technical source ties）、资金债券联结（capital funding ties）、人力资本联结（human capital ties）和业务相互依赖联结（business interdependence ties）所形成的动态行业网络特征对 IT 外包商的选择评估会产生显著的影响。

Olson David L.（2007）应用多属性效用理论，采用产品功能和质量、执行速度、与其他系统的界面交互、安全、服务水平监控与管理等指标，对 ERP 的几种外包实施方式进行了评价排序。

张硕毅等（2005）从专业技术能力、服务能力、营运能力和外部评价四个层面建立了外包商评价指标体系。周柏翔等（2006）从供应商实力、供应商对外包项目的承诺指标、供应商的 IT 外包项目设计方案指标、兼容性和供应商的社会信誉指标五个层面建立外包商评价体系。康飞等（2007）仿真分析了 IT 外包项目中选择和实施两个阶段供应商选择的信息甄别问题。

随着外包的全球化趋势，对外包商所处地域的决策选择也引起了学术界的关注。Zhonghua Qu and Michael Brocklehurst（2003）基于交易成本理论，针对中国和印度地域范围的软件外包商，分析比较了各自的交易成本和生产成本，认为成本因素影响离岸外包商的选择。Michael Graf and Susan M. Mudambi（2005）以 IT 赋能的业务流程外包为研究对象，构建了外包商地域位置选择的概念模型，认为基础设施、国家风险、政府政策和人力资源直接影响到外包地域对外包客户的吸引，将企业专有因素（firm-specific factor：外包目标和经验）和情形专有因素（situation-specific：业务流程本质和客户预期）作为控制因素加以考虑。

综上所述，在深入分析已有文献研究的基础上，结合本书第四章实证研究结果，本书认为 IT 外包模式设计中确定外包范围、选择外包商之间存在着一定关联性，而系统分析 IT 外包模式设计的关键维度成为研究这一问题的关键所在。

## 第二节　多维度 IT 外包模式设计分析框架

本书把企业 IT 外包决策过程中如何进行 IT 外包模式设计的关键维度归纳为四个层面：企业 IT 背景、IT 应用战略地位、IT 外包成本和外包商因素，这些因素层面之间并不是相互独立的，而是存在着一定的交互作用和影响，并基于此提出多维度 IT 外包模式设计分析框架，如图 5.1 所示。

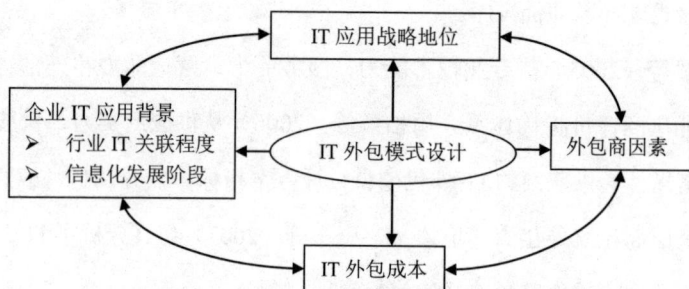

**图 5.1　多维度 IT 外包模式设计分析框架**

## 一、企业 IT 应用背景

所有企业的 IT 应用功能是依赖执行相关的 IT/IS 活动来提供的。一般而言，IT/IS 活动按照自顶向下的顺序包括从 IT/IS 咨询、规划、项目管理到系统集成、设计、应用开发、实施再到运营 / 操作、维护、基础设施及硬件产品的获取。按照 ITIL[①]（Information Technology Infrastructure Library，信息技术基础架构库）的标准可以把企业的 IT 应用服务划分为基础设施（infrastructure，包括网络服务、

---

① 　ITIL（信息技术基础设施库）是英国政府中央计算机与电信管理中心（CCTA）在 20 世纪 90 年代初期发布的一套 IT 服务管理最佳实践指南。在此之后，CCTA 又在 HP、IBM、BMC、CA、Peregrine 等主流 IT 资源管理软件厂商近年来所做出的一系列实践和探索的基础之上，总结了 IT 服务的最佳实践经验，形成了一系列基于流程的方法，用以规范 IT 服务的水平，目前的 ITIL 标准为 ITIL V30 版本。

Help Desk 等），开发（development，包括集成应用系统及各种基于业务需求的小开发），业务支持（business support，包括各种业务支持、需求分析、商业智能等），IT 控制（IT Controlling，包括各种 IT 流程控制、安全控制等）四大块。

然而 IT 应用在不同企业中具有不同的价值和地位。Venkatraman（1997）提出按照 IT/IS 测量价值可以将企业的 IT 应用区分为四种不同的类型：成本中心、服务中心、投资中心和利润中心。成本中心是指企业有一套外部对照标准来评价相关绩效特征，如每秒百万指令（per million instructions per second MIPS）、每工作站的维护成本、每名员工新系统操作的培训成本等；服务中心是由业务单元目标驱动进行测量，如对在某一具体业务流程中，IT/IS 的贡献程度；当 IT/IS 充当投资中心的角色时，其目标是利用 IT/IS 资源来最大化创造企业的竞争机会，这一目标意味着企业当前业务模式逐渐退化，要通过一系列的 IT 投资为企业寻找或开拓新的业务模式或平台，影响着企业能力的创造性；利润中心则是将 IT/IS 产品和服务交付到外部市场，其测评标准是通过已实现的利润、市场经验和内部组织的可信度。

Gurbaxani and Whang（1991）认为，可将 IT 作用划分为五种类型，即辅助生产、监控与绩效评估、决策支持、处理交易、记录与沟通，这其中尤以交易处理和监控与绩效评估作用最为突出。而 Dewett and Jones（2001）将信息技术所能发挥的作用归结为两种：信息效率（information efficiencies）功能和信息协同（information synergies）功能。信息效率功能是指应用信息技术可以提高组织信息的收集、传递、处理和运用效率，节约所需时间和成本；信息协同功能是指应用信息技术可将单个个人或部门的信息进行汇总整合，以跨越组织边界，被更多的人所共享和利用。

综上可以看出，企业的 IT 应用不仅具有技术实现层面的基本流程，更重要的是具有企业业务环境的专有特征，即每一个企业的 IT 架构和具体的 IT 配置结构（IT configuration）具有典型的企业特征，这一特征就是企业的 IT 发展背景特征。

企业的 IT 特征是企业 IT 应用和 IT 发展的具体企业情境，行业类型、企业规模、IT 的发展背景应用等相互作用，形成了企业的 IT 特征。本书将企业的 IT 背景特征作为有效识别企业 IT 缺口的一个关键维度，在这一维度中具体包括企业信息化发展阶段、行业 IT 关联程度两个元素。

## 二、IT 应用的战略地位

IT 应用的战略地位是考察和评估 IT 对企业整体战略发展所做的贡献，某一 IT 活动或职能对于企业获取竞争优势的影响程度。企业开始应用信息技术，进入 IT 基础设施建设阶段，到企业业务不断与 IT 相融合，直至逐渐发展到 IT 战略驱动阶段，企业的 IT 应用战略地位不断发生变化。

对企业 IT 应用的战略地位评估，实质上是对企业核心 IT 的识别和评价。Hafeez K. et al.（2007）认为企业核心业务的评价因素包括"独特性"（uniqueness）和"集中性"（collectiveness）两个方面，集中性因素体现在功能交叉（across-function）、产品交叉（across-product）和业务交叉（across-business），而独特性因素主要表现为价值性、难以模仿和不可替代性。Willcocks L.P. et al.（1999，2005）构建的选择性外包分析矩阵中也是从 IT 对企业"竞争优势"和"业务运营"的贡献程度来评价企业 IT 应用的战略地位。

归纳来说，已有文献中对 IT 应用的战略地位评价主要集中在两个维度——IT 应用的独特性和 IT 应用的关键性。本书认为，在分析 IT 应用战略地位时，除了上述两个因素外，IT 活动中所涉及的相关知识的可剥离程度是本书考察 IT 应用战略地位的一个新的影响因素。即 IT 战略地位分析包括三个因素，IT 应用的独特性、IT 应用的关键性和相关知识的可剥离程度。

▲ IT 应用的独特性：主要分析 IT 对企业获取优势的贡献。从前面的章节中可以分析，IT 独特性可以从为企业创造和维持竞争优势阶段的事前限制和事后限制来进行分析，也就是从价值性、稀缺性、专用性、可模仿性、可替代性和流动性来分析 IT 活动对企业竞争优势的贡献程度。那么 IT 独特性必然和企业的 IT 背景相互关联，IT 独特性会受到企业信息化阶段、所处行业的 IT 关联程度的控制和影响。

▲ IT 应用的关键性：主要分析 IT 应用对其业务运营的关键程度，IT 的关键性主要体现在功能交叉、产品交叉和业务交叉上。功能交叉是指在一个或多个功能交叉活动中，核心活动作为独立因素的程度。产品交叉是指在不同产品生产过程中，核心活动的可分享程度。业务交叉是指在不同经营单元中，核心活动作为独立活动的程度。

▲ 相关知识的可剥离程度：主要分析 IT 应用中所包含的专有知识，从特定企业环境中剥离分拆出来的程度。这种知识的可剥离程度影响着 IT 的独特性和关键性。如企业级的 help-desk 活动本身所涉及专有的企业业务知识很少，具有较高的可剥离程度。然而，系统的应用开发和实施活动则会应用甚至整合到企业特定的业务知识，这类活动中的知识可剥离程度相对较低。

## 三、IT 外包成本

本书在第三章第一节中分析了考察一项外包交易成本的关键维度，包括资产专用性和不确定性。那么在 IT 外包决策过程中，从外包成本这一维度分析，就需要考察 IT 资产专用性和外包活动的不确定性。基于此，本书认为，分析 IT 外包成本主要包括 IT 活动所涉及的资产专用性、IT 活动熟悉程度、IT 活动复杂程度、IT 需求具体化（requirements specifiability）程度和 IT 活动需求的挥发性（requirements volatility）程度，其中后四个因素影响着决策者对外包活动中可能存在的不确定性的一种预期评价，它们对于外包前期的需求描述、信息搜寻、合同签订等，以及外包实施过程的监控、外包绩效的评价等可能存在的不确定性都具有一定的预期评价。本书认为，这四个因素体现了外包企业对外包活动中存在的不确定性的评价。

▲ IT 资产专用性，是分析 IT 活动中所涉及相关资产被重新配置以作其他替代用途或是被替代使用者重新调配使用的程度，包括专有场地、特定设备、软件平台、人员等专有实体资产，根据特定用户的紧急要求特意进行的投资的特定用途资产等。

▲ IT 活动熟悉程度，是指企业对一项 IT 活动涉及的整体规划、架构、流程、软硬件等所了解的程度。一般来说，企业内部已经实施的 IT 活动熟悉程度较高。熟悉程度高的 IT 活动对于外包需求的描述、外包合同的签订、外包实施过程的监控、外包绩效的评价等，相比而言要比熟悉程度低的 IT 活动所花费的成本要低。

▲ IT 活动复杂程度，IT 活动 / 项目所提供的功能不同，与业务流程的融合程度不同，其复杂程度也不同。例如，ERP 的实施和应用与单一的财务软件、办公软件系统应用相对，前者复杂程度要很高。

▲ IT 需求的具体化程度，是指对 IT 活动需求能够进行精确的描述和分析的程度。

▲ IT 活动需求的挥发性程度，需求可能产生动态变化的程度。

IT 活动的熟悉程度、复杂程度和需求的具体化、挥发性之间具有相互依存关系，当 IT 活动的熟悉程度高，需求相对稳定时，那么其需求具体化程度就相对较高；相反，IT 项目越复杂，对 IT 需求的描述和具体化越困难。当 IT 活动需求相对具体，能够进行精确的描述和分析、熟悉程度较高时，企业对这类 IT 活动的监控力度较强。而越复杂的项目在企业内部开发和实施运行的难度就越大，更倾向于将其交付给具有专业特长的能够提供安全服务的外包商，但对企业的外包监控提出了更高的要求。

## 四、外包商因素

外包商因素是企业 IT 外包决策的关键影响因素，本书在第四章实证分析中验证了这一因素，即外包商的专业服务水准是影响企业采纳 IT 外包的影响要素之一。本书认为，企业在选择 IT 外包范围时，外包商因素主要体现在已有的 IT 供应链关系、外包商的可信赖性、可观察性三个层面。

▲ 已有的 IT 供应链关系。已有的 IT 外包关系、IT 应用中的硬件设施供应商、各类软件系统供应商等，它们共同构成了企业的 IT 供应链并逐渐形成企业的 IT 资源获取网络。这些已有的 IT 供应关系（外包合作关系）会影响到企业对外包范

围、外包商的选择行为。Tzu-Chuan Chou et al.（2006）将企业的 IT 资源获取网络视为一种社会资本（social capital），认为这种 IT 供应关系影响着企业的 IT 外包决策行为。在本课题的企业访谈过程中，一些信息化发展程度高的企业 IT 主管也表示，他们在外包决策时通常会将具有长期相对稳定的 IT 供应商作为优先考虑的候选外包商。

▲　外包商的可信赖性。是指外包客户对外包商的信任程度，认为外包商具有的一定的忠诚和可靠性。而这种信任度通常来自于客户企业与外包商已有的合作经验、外包商声誉——外包行业内提供外包服务的质量、满意度等形成客户认可度、外包商的服务交付能力等。也就是说，外包商的可信赖性与已有 IT 供应 / 外包关系之间相互影响。

▲　外包商的可观察性。对外包商外包活动执行过程的服务质量、服务水平等的可观测度。外包商的可观察性会影响到企业对外包活动的监管、控制、外包关系的管理等。IT 活动的熟悉程度、复杂程度、需求的具体化等影响着外包商的可观察性。当外包的 IT 活动熟悉程度较高、需求可以精确描述，相对来说，外包商的可观察性较高，能够及时避免外包商机会主义行为和外包锁定效应。

综上分析，企业 IT 背景、IT 战略地位、IT 活动特征和外包商因素这四个决策维度之间并不是相互独立的，而是存在着一定的相互影响关系，同一维度的指标元素之间、不同维度的指标元素之间相互依存，具有反馈作用。ANP（analytic network process，网络层次分析法）为我们解决这种决策准则之间存在着相互依存和影响关系的多目标复杂决策问题提供了理论方法和工具。

## 第三节　基于 ANP 的企业 IT 外包模式设计

ANP 是美国匹兹堡大学 Thomas L. Saaty 教授在 1996 年提出的一种适应非独立的递阶层次结构的决策方法，是在层次分析法 AHP 的基础上发展形成的（Saaty

L.T., 1999）。

## 一、ANP 基本原理及应用

### 1.ANP 基本原理

AHP 和 ANP 的决策原理基本相同，但 ANP 建立的是网络结构模型，AHP 建立的是层次结构模型，可以说，AHP 是 ANP 的一个特例。AHP 和 ANP 的一般结构模型如图 5.2 所示。在 AHP 层次分析法中，把决策问题分解成各个组成因素，按照支配关系聚类形成多层次的递阶控制关系，其中最高层为决策的目标层，中间是准则层，根据问题的需要可以有更多的子准则层，最下层为方案层。在递阶的层次关系中，下层元素受上层元素的控制，按照比例标度经过人们的判断，通过两两比较的方法，决定下层元素对于上层元素的重要度，即权重。再通过综合判断，确定相对总目标的各决策要素的重要性排序。AHP 方法要求层次的内部元素之间相互独立，同一层次中任意两元素间不存在支配和从属关系，且不相邻的两元素之间也不存在支配或依存关系，如图 5.2（a）所示。

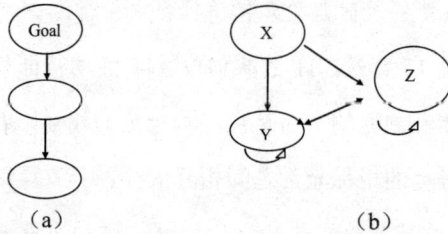

图 5.2　AHP 层次结构和 ANP 网络结构

实际上，现实中有很多决策问题由于各决策元素组（如准则、方案）内部或元素组之间存在着相互依存和影响关系，而无法构建 AHP 层次结构模型。即一般各层内部的元素之间都存在依存关系，同时下层对上层也有反支配（反馈）的作用。因此，AHP 的应用范围受到了一定的限制。ANP 正是针对元素（elements）或元素组（clusters）之间存在着内部和外部相互依存（inner and outer dependence）和反馈关系的复杂决策问题，建立的一种网络结构模型，用以适应非独立的递阶层次结构的系统决策方法。

ANP 把决策系统分为控制层（control hierarchy）和网络层两大部分。控制层包括问题目标和决策准则，所有的决策准则均被认为是相互独立的，且只受目标元素支配。控制因素中可以没有决策准则，但至少有一个目标，控制层中每个准则的权重均可由 AHP 方法获得。网络层元素由受控制层支配的元素组成，元素之间相互影响，形成网络结构。

ANP 网络结构模型中把决策系统内所有元素之间的相互依存和反馈关系都进行了考虑，网络中每个节点代表决策系统一个元素或元素组，系统中任意元素和元素组都可能相互影响，即每个元素组都可能相互影响，系统中的每个元素都可能受到其他元素的影响和支配。在图 5.2（b）中：弧形箭头表示元素组内部各元素之间的相互作用关系，X → Y 表示 Y 元素组内的元素依赖于 X 元素组，Y → Z 表示 Y 元素组和 Z 元素组之间双向依赖。

ANP 同样以 Saaty 标度集比较体系为基础（表 5.1），来确定一个元素对另一些元素的相对影响程度。即相对于一个影响变量，对其他相关元素进行成对比较，从而得到判断矩阵，并用矩阵的特征向量来确定这些元素相对于该影响变量的权重。ANP 的控制层提供了比较每一类相互作用关系的最重要准则。Saaty T.L.（2007）将控制层准则分为两类：一类是在网络中产生直接控制和影响作用的"连接"（linking）准则，另一类是对结构不产生直接作用的"诱导"（inducing）准则。

**表 5.1 判断矩阵的标度**

| 标度 | 含义 |
|------|------|
| 1 | 两个元素相比，同样重要 |
| 3 | 两个元素相比，前者比后者稍重要 |
| 5 | 两个元素相比，前者比后者明显重要 |
| 7 | 两个元素相比，前者比后者强烈重要 |

| 标度 | 含义 |
|---|---|
| 9 | 两个元素相比，前者比后者极端重要 |
| 2,4,6,8 | 上述相邻判断的中间值 |
| 倒数 | 两个元素相比，后者比前者的重要性标度 |

**2. 应用 ANP 的基本步骤**

（1）系统分析决策问题，形成元素（element）和元素组（cluster）。

将决策问题进行系统的分析、组合，构建决策指标形成决策元素和元素组，元素组是由各相关的元素聚类形成。主要分析判断元素层次之间是否独立，是否存在依存和反馈，可以采用专家打分、会议讨论等形式。

（2）构建 ANP 的典型结构模型。

如上所述，典型的 ANP 是由控制层和网络层两部分组成，控制层是由决策目标和准则组成，Saaty 认为衡量一个决策的产出可以依据一个统一的模式进行衡量，即依据收益、机会、成本、风险四个准则（BOCR 准则）进行衡量；网络层是在控制层基础上建立的，它反映在一定准则下的网络内各元素和元素组之间的相互影响和反馈，如图 5.3 所示。

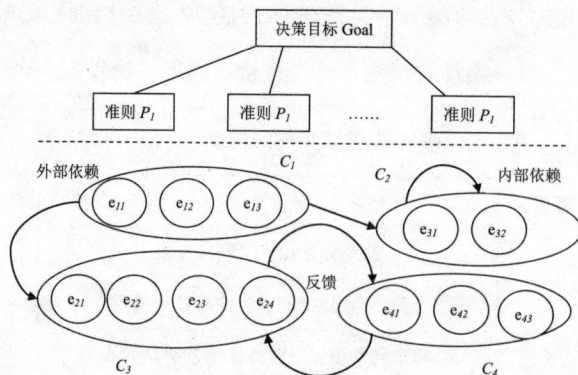

**图 5.3 ANP 网络结构示意图**

（$C_i$ 表示元素组；$e_{ij}$ 表示元素；连线表示元素间的关系，包括内、外部依赖关系和反馈关系，箭尾元素组中的元素影响箭头所指向的元素组中的元素。）

首先，构建决策控制层，界定决策目标和决策准则。其次，构建决策网络层，将决策元素进行聚类形成元素组，分析其网络结构和相互影响、反馈关系。ANP 网络结构可以有多种形式，一种是内部元素组和元素独立的递阶层次关系；另一种是内部元素组独立，但元素之间相互循环作用的 ANP 网络层次结构；或者是元素组之间依存，且元素组内各元素之间相互循环作用的 ANP 网络结构。

（3）ANP 超矩阵计算。

第一，第一阶段为元素间两两比较，构建 ANP 无权重超矩阵。

在每一个控制准则下，应用两两比较的方法对元素进行判断来构建无权重超矩阵 $\mathbf{W_s}$。在构建过程中，首先将构建网络时选取的准则 $Ps$（$s=1, 2, ..., m$）作为主准则，以该网络中某一元素组 $C_j$ 中的元素 $e_{j1}$（l=1,2,…, nj）作为次准则，按照元素组 $C_i$ 各元素对元素 $e_{j1}$ 的影响程度或按照元素 $e_{j1}$ 对元素组 $C_i$ 中各元素的影响程度构造判断矩阵，并求得归一化特征向量（$W_{jli1}, W_{jli2}, \cdots, W_{jlin1}$）T。如此，依次将 $C_j$ 中的各元素作为子准则，将元素组 $C_i$ 与元素组 $C_j$ 中的元素两两比较，构造各自的判断矩阵，最后将各判断矩阵的归一化特征向量汇总到一个矩阵 $W_{ij}$ 中，则该矩阵表示元素组 $C_i$ 中的元素与元素组 $C_j$ 中的元素之间的影响关系。

以此类推，以 $Ps$ 为准则，依次将各元素组元素之间的内外关系进行比较，最终可获得无权重超矩阵 $\mathbf{W_s}$。

式 5.1 中：$Cm$ 为第 $m$ 个元素组；$e_{mm}$ 为在第 $m$ 个元素组中的第 $n$ 个元素。$W_{ij}$ 为第 $j$ 个元素组中元素与第 $i$ 个元素组中元素进行承兑比较的特征向量，如式 5.2，若第 $j$ 个元素组对第 $i$ 个元素组没有影响，则 $W_{ij}=0$。

$$
\mathbf{W_s} = 
\begin{array}{c}
\\
C_1 \\
\\
C_2 \\
\\
\\
C_m \\
\end{array}
\begin{array}{c}
e_{11} \\
e_{12} \\
\vdots \\
e_{1n_1} \\
e_{21} \\
e_{22} \\
\vdots \\
e_{2n_2} \\
\vdots \\
e_{m1} \\
e_{m2} \\
\vdots \\
e_{mn_m}
\end{array}
\begin{array}{|cccc|}
\hline
\begin{matrix} C_1 \\ e_{11}e_{12}\cdots e_{1n_1} \end{matrix} & \begin{matrix} C_1 \\ e_{21}e_{22}\cdots e_{2n_2} \end{matrix} & \cdots & \begin{matrix} C_m \\ e_{m1}e_{m2}\cdots e_{mn_m} \end{matrix} \\
W_{11} & W_{12} & \cdots & W_{1m} \\
\vdots & \vdots & & \vdots \\
W_{m1} & W_{m2} & \cdots & W_{mm} \\
\hline
\end{array}
\tag{5.1}
$$

$$
\mathbf{W_{ij}} = 
\begin{vmatrix}
w_{i1j1} & w_{i1j2} & \cdots & w_{i1j_{nj}} \\
w_{i2j1} & w_{i2j2} & \cdots & w_{i2j_{nj}} \\
\vdots & \vdots & \vdots & \vdots \\
w_{in_1j1} & w_{in_2j2} & \cdots & w_{i_{nj}j_{nj}}
\end{vmatrix}
\tag{5.2}
$$

同理，以其他准则为主准则，分别构造无权重超矩阵，共有 **m** 个。在这里称矩阵 **Ws** 为无权重超矩阵，主要是因为该超矩阵不是列归一的，只是各个子块 **Wij** 是列归一的，因而该超矩阵还不能显示各元素的优先权，还需要对元素组进行成对比较，以使得无权重超矩阵转化为权重超矩阵。

第二，元素组进行两两比较，构建权重超矩阵。

依据给定准则对元素组进行两两比较，构造判断矩阵 **aj**，并进行归一化处理，得到归一化特征向量 $(a_{1j},a_{2j}\ldots a_{jn})^T$，由此可得到在某一准则下的反映元素组间关系的权重矩阵 **As**，如式 5.3。

$$
\mathbf{A_S} = 
\begin{bmatrix}
a_{11} & a_{12} & \cdots & a_{1n} \\
a_{21} & a_{22} & \cdots & a_{2n} \\
\vdots & \vdots & \vdots & \vdots \\
a_{n1} & a_{n2} & \cdots & a_{nn}
\end{bmatrix}
\tag{5.3}
$$

用权重矩阵 $A_s$ 乘上无权重超矩阵 $W_s$ 则可得到权重超矩阵 $Ws$（$\omega$），如式 5.4。

$$W_s^w = A_s W_s \qquad (5.4)$$

第三，求解极限超矩阵。

对权重超矩阵进行归一化处理，得到极限超矩阵 $W_s^l$。由于元素间存在依存与反馈关系，因而归一化过程是一个反复迭代、趋稳的过程。在极限超矩阵 $W_s^l$ 中，每一列数值是在给定准则下各元素对该列对应元素的极限相对优先权。

在 AHP 方法中，元素之间相互独立，判断某一准则下两元素的优先权只需对两元素直接比较即可确定。但是，在 ANP 方法中，因为引入了反馈、相互依赖关系使得元素优先权的确定过程变得复杂，两个元素既可以进行直接比较，也可以进行间接比较，如可以用 $W_{ij}$ 反映元素 $i$ 与元素 $j$ 的直接比较关系，也可以用 $\sum_{k=1}^{n} \omega_{ik}\omega_{kj}$ 反映元素 $i$ 与元素 $j$ 的间接比较关系，并且元素 $i$ 与元素 $j$ 的复杂间接关系还可以通过超矩阵的迭代反映出来。因而，在 ANP 中，要通过求极限超矩阵的方法确定稳定的元素优先权。

$$W_s^l = \lim_{k \to \infty} W^k \qquad (5.5)$$

式 5.5 中：$W_s^l$ 表示极限超矩阵；$W$ 表示权重超矩阵。

（4）极限相对优先权的综合，可选方案排序。

对每一控制准则的极限向量按照各准则（BOCR）权重进行加总，目的是对各可选方案的权重加总。在采用 BOCR 准则时，可依据不同的成本收益方法计算每个方案的成本收益，进行排序。常用的 BOCR 计算方法有 BR/CR，B+O-C-R。

对每一控制准则的极限向量按照各准则权重进行加总，并依据各可选方案的权重值排序，从而得出最佳选择方案。

（5）敏感性分析。

调整准则权重，对结果进行敏感性分析。

## 二、企业 IT 外包模式的 ANP 模型

由于 ANP 模型是一种网状模型，对于模型的计算如超阵、极限矩阵的计算等尤为复杂。若不借助计算机软件来实现，很难将 ANP 模型应用到实际决策问题中去。RozannW.Satty 和 William J.Adams 在 2003 年推出了超级决策软件 SD 软件，成功地实现了 ANP 计算的程序化。SD 软件可以从其官方网站 http:// www.superdecisions.com/ 注册后下载获取，SD1.6 为目前最新版本（ANP Team, 2007）。SD 决策软件对系统的综合评估提供了一种智能化的手段和方法，能方便地对模糊问题进行简化处理，SD 软件为我们解决实际决策问题提供了一个很好的开发平台，极大地方便并推动了 ANP 的实际应用，近期出现了应用 SD 软件来分析研究复杂决策问题的相关文献（如 Cevriye Gencer and Didem Gurpinar. 2007；Chao Liang and Qing Li, 2007；孙宏才等，2007）。

在本章第二节中已经对企业 IT 外包决策的关键维度及其包含的具体因素进行了分析，据此应用超级决策 SD 软件，构建企业 IT 外包决策 ANP 网络结构模型如图 5.4 所示。

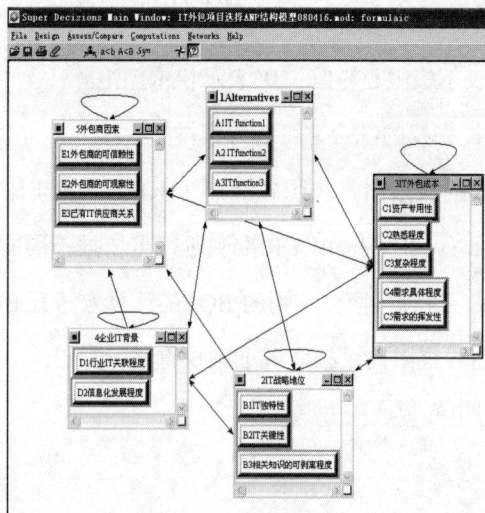

**图 5.4 企业 IT 外包模式设计 ANP 模型**

ANP 网络结构模型中共有 5 个元素组（clusters），cluster1：为备选外包活动方案组；cluster2：IT 战略地位准则组；cluster3：IT 外包成本准则组；cluster4：外包商因素；cluster5：企业 IT 背景。其中元素和元素组之间的关系有 3 种箭头来进行描述，第一种是单向（one-way）箭头，这也是 AHP 层次模型中常用的准则层、指标层之间的控制影响关系，其意义表示为箭尾元素（组）控制或影响着箭头元素（组）；第二种是双向箭头，表示两个元素之间存在着反馈关系，相互影响；第三种是弧形箭头，表示元素组内部各元素之间存在着内部控制和影响的关系，即内部依存 / 依赖关系，具体分析如下。

▲ Cluster1：$A$ 元素组为候选方案组，候选 IT 活动或项目 $A\{A_1, A_2, A_3\}$。

▲ Cluster2：$B$ 元素组是对备选方案的战略性分析，在这一元素组中，主要从 IT 活动对企业竞争优势的贡献程度即 IT 的独特性、对企业业务运营活动的作用即 IT 的关键性、IT 活动中关键知识的可剥离程度，这三个维度来考察 IT 活动或职能的战略地位。$B\{B_1, B_2, B_3\}$，$B_1$：IT 独特性，$B_2$：IT 关键性，$B_3$：相关知识的可剥离程度。其中 $B_3$ 与 $B_1$、$B_2$ 之间相互影响，使得 $B$ 元素组中存在内部依存关系。

▲ Cluster3：$C$ 元素组是对备选方案的经济性分析，$C\{C_1, C_2, C_3, C_4, C_5\}$，即对 IT 外包成本评价分析。$C_1$：IT 资产专用性，$C_2$：熟悉程度，$C_3$：复杂程度，$C_4$：需求的具体程度；$C_5$：需求的挥发性。在 $C$ 元素组内部，$C_1$ 影响着 $C_3$、$C_4$、$C_5$，$C_2$ 影响着 $C_3$，$C_3$ 影响着 $C_4$ 和 $C_5$，$C_5$ 影响着 $C_1$、$C_2$、$C_3$，因此 $C$ 元素组中存在着内部依存关系。

▲ Cluster4：$D$ 元素组是对备选方案所处企业 IT 背景的分析，$D\{D_1, D_2\}$。$D_1$：企业行业 IT 关联程度；$D_2$：企业信息化发展程度。在第四章已经分析验证了企业信息化发展阶段、行业 IT 关联程度及其两者之间的交互作用对企业的外包范围存在显著差异。企业所处行业的 IT 关联程度不同，企业在不同的信息化发展阶段，两者交互作用都会影响到企业的 IT 战略地位、IT 外包成本的考虑。即 $D$ 元

素组存在着内部依存关系，同时也影响着 *A*、*B*、*C*、*E* 其他 4 个元素组。

▲ Cluster5: *E* 元素组是对备选方案外包市场中可能候选的外包商分析，*E* { *E1, E2, E3* }。E1: 外包商的可信赖性; *E2*: 外包商的可观察性; *E3*: 已有的 IT 供应关系。在 *E* 元素组中，*E3* 影响着 *E1*、*E2*，而 *E1*、*E2* 又分别对 *E3* 产生影响，即 *E* 元素组中存在着内部依存关系。

▲ 各元素组之间存在的相互影响关系: *B₁*、*B₂* 分别影响着 *C₁*、*C₂*、*C₃*、*E1*、*E2*; *B₃* 对 C 和 E 元素组的元素均有影响; *C₁* 影响 *B* { *B₁*, *B₂*, B3 }、*E1*; *C₂* 影响着 *E1*、*E2*、*B₃*; *C₃* 影响着 *B₃*、*E2*; C4 影响 B4、*E2* 等。

# 第四节 实例分析

## 一、ANP 模型的企业实例应用

### 1. 企业背景说明

本书选择企业 M 作为 ANP 模型分析的案例企业，M 企业是一家国有大型企业，主要业务范围是完成火电、核电、风电等大型电厂建设项目，公司员工已经超过 1 万人，营业额每年达 20 亿元以上。

M 企业从 2000 年以前开始有分散零星的 IT 应用，2000 年开始有了较为规范的 IT 系统（企业 OA、财务软件的应用），2003—2004 年是公司大规模进行 IT 基础设施建设的阶段，资金投入明显上升，基本完成了相关硬件设备、数据库、应用系统的构建。2005 年以后虽然相对来说有些下降，但是 IT 投资基本保持稳定。M 企业目前 IT 固定资产超过 1000 万元，其中包括各类服务器 20 余台（主要以 IBM 为主），存储设备、网络设备、工作终端 PC 等，专业 IT 员工有 50 余人。

M 企业目前主要的 IT 活动包括企业 IT 规划、IT 应用系统开发、IT 系统的运行和维护、网络安全与维护等。M 企业的外包 IT 候选项目包括企业 IT 系统运

营维护、企业管理软件开发与维护、企业网站设计与维护，分别用 A1、A2、A3
来表示。

2. 应用 SD 软件的分析计算过程

应用 SD 软件，首先通过企业 IT 外包决策者和 IT 主管专家的意见，对 ANP
模型中的 16 个元素之间进行两两比较、归一化处理，即可计算出未加权超级矩阵。
以方案 A1 为例，在其他元素组中进行两两比较，可构造如表 5.2、表 5.3、表 5.4、
表 5.5 的判断矩阵。以此类推，可以得到其他各元素相互比较的结果矩阵。

其中 ANP 模型中的信度分析以学者 Saaty 所定义的一致性比率值（consistency
ratio, C.R.），作为衡量问卷信度的方式。Satty 提出以 C.R. 值大小代表可信程度，
当 C.R. 值小于或等于 0.1 时，表示问卷具有高度的一致性，当 C.R. 值大于 0.1 时，
表示问卷的一致性较差。

**表 5.2　方案 *A1* 在 *B* 元素组中各元素两两比较矩阵**

| A1 | $B_1$ | $B_2$ | $B_3$ | 权重 |
|---|---|---|---|---|
| $B_1$ | 1 | 3 | 3 | 0.5936 |
| $B_2$ | 1/3 | 1 | 2 | 0.2493 |
| $B_3$ | 1/3 | 1/2 | 1 | 0.1571 |

C.R. =0.0516

**表 5.3　方案 *A1* 在 *C* 元素组中各元素两两比较矩阵**

| A1 | $C_1$ | $C_2$ | $C_3$ | $C_4$ | $C_5$ | 权重 |
|---|---|---|---|---|---|---|
| $C_1$ | 1 | 3 | 2 | 2 | 3 | 0.3662 |
| $C_2$ | 1/3 | 1 | 1/2 | 2 | 2 | 0.1680 |
| $C_3$ | 1/2 | 2 | 1 | 2 | 2 | 0.2349 |
| $C_4$ | 1/2 | 1/2 | 1/2 | 1 | 2 | 0.1370 |
| $C_5$ | 1/3 | 1/2 | 1/2 | 1/2 | 1 | 0.0939 |

C.R. =0.0393

#### 表 5.4 方案 *A1* 在 *E* 元素组中各元素两两比较矩阵

| A1 | $E_1$ | $E_2$ | $E_3$ | 权重 |
|---|---|---|---|---|
| $E_1$ | 1 | 3 | 2 | 0.5278 |
| $E_2$ | 1/3 | 1 | 1/3 | 0.1396 |
| $E_3$ | 1/2 | 3 | 1 | 0.3325 |

C.R. =0.0516

#### 表 5.5 方案 *A1* 在 *D* 元素组中各元素两两比较矩阵

| A1 | $D_1$ | $D_2$ | 权重 |
|---|---|---|---|
| *D1* | 1 | 1/2 | 0.3333 |
| *D2* | 2 | 1 | 0.6667 |

C.R. =0.0000

然后再应用专家打分意见对 4 个元素组之间进行两两比较，分别计算出加权超级矩阵表和极限矩阵表，同时也可以得出元素组的优先权重矩阵，如图 5.5 所示。

| Cluster Node Labels | 1Alternatives | 2IT战略地位 | 3IT外包成本 | 4外包商因素 | 5企业IT背景 |
|---|---|---|---|---|---|
| 1Alternatives | 0.000000 | 0.000000 | 0.000000 | 0.000000 | 0.050233 |
| 2IT战略地位 | 0.417641 | 0.461029 | 0.383490 | 0.000000 | 0.418263 |
| 3IT外包成本 | 0.197033 | 0.236156 | 0.218543 | 0.333333 | 0.118550 |
| 4外包商因素 | 0.261100 | 0.168234 | 0.273191 | 0.666667 | 0.255047 |
| 5企业IT背景 | 0.124226 | 0.134581 | 0.124777 | 0.000000 | 0.157906 |

图 5.5 应用 SD 软件计算的元素组比较矩阵

SD 软件计算出的未加权的超级矩阵、加权超级矩阵和极限矩阵详见表 5.6、

表 5.7 和表 5.8。

　　经过极限相对优先权的综合计算，SD 软件直接对可选方案进行排序，形成最后的综合优先权排序结果，如图 5.6 所示。

New synthesis for: Super Decisions Main Wi...

Here are the overall synthesized priorities for the alternatives. You synthesized from the network Super Decisions Main Window:
IT外包项目选择ANP结构模型.mod

| Name | Graphic | Ideals | Normals | Raw |
|---|---|---|---|---|
| A1 IT function1 | | 0.199700 | 0.127660 | 0.000498 |
| A2 IT function2 | | 0.364614 | 0.233082 | 0.000909 |
| A3 IT function3 | | 1.000000 | 0.639258 | 0.002492 |

图 5.6　SD 软件综合计算后的 IT 外包项目优先权排序结果

　　应用 SD 软件可以方便地构建 ANP 模型，并计算做出相应的矩阵结果和最后方案权重排序。通过上述步骤的比较和计算,最后的排序结果表明,A3 优先权最高,其次为 A2,最后为 A3。这一分析结果与 M 企业实际的 IT 外包决策相吻合。

表 5.6　应用 ANP 模型的 IT 外包范围选择未加权超级矩阵

| | | A | | | B | | | C | | | | | E | | | D | |
|---|---|---|---|---|---|---|---|---|---|---|---|---|---|---|---|---|---|
| | | A1 | A2 | A3 | B1 | B2 | B3 | C1 | C2 | C3 | C4 | C5 | E1 | E2 | E3 | D1 | D2 |
| A | A1 | 0 | 0 | 0 | 0 | 0 | 0 | 0 | 0 | 0 | 0 | 0 | 0 | 0 | 0 | 0.1220 | 0.1365 |
| | A2 | 0 | 0 | 0 | 0 | 0 | 0 | 0 | 0 | 0 | 0 | 0 | 0 | 0 | 0 | 0.2296 | 0.2385 |
| | A3 | 0 | 0 | 0 | 0 | 0 | 0 | 0 | 0 | 0 | 0 | 0 | 0 | 0 | 0 | 0.6483 | 0.6250 |
| B | B1 | 0.6301 | 0.1634 | 0.2493 | 0 | 0.7500 | 0.7500 | 0.61441 | 0 | 0 | 0.2684 | 0.5396 | 0 | 0 | 0 | 0.6144 | 0.5937 |
| | B2 | 0.2184 | 0.2970 | 0.1571 | 0.2500 | 0.0000 | 0.2500 | 0.11722 | 0 | 0 | 0.1172 | 0.1634 | 0 | 0 | 0 | 0.2684 | 0.2493 |
| | B3 | 0.1515 | 0.5396 | 0.5937 | 0.7500 | 0.25 | 0 | 0.26837 | 1.0000 | 1.0000 | 0.6144 | 0.2970 | 0 | 0 | 0 | 0.1172 | 0.1571 |
| C | C1 | 0.3896 | 0.1470 | 0.5317 | 1.0000 | 0.5189 | 0.2386 | 0 | 0 | 0.3802 | 0.5278 | 0.2684 | 0.1896 | 0 | 0 | 0.4193 | 0.0959 |
| | C2 | 0.2040 | 0.2574 | 0.0816 | 0 | 0.2284 | 0.0986 | 0 | 0 | 0.2889 | 0.1396 | 0.1172 | 0.1076 | 0.24998 | 0 | 0.0975 | 0.1828 |
| | C3 | 0.0940 | 0 | 0 | 0 | 0 | 0.4171 | 0.3325 | 0 | 0 | 0.3325 | 0.6144 | 0 | 0 | 0 | 0 | 0 |
| | C4 | 0.2032 | 0.4827 | 0.1658 | 0 | 0.1518 | 0.0699 | 0.1396 | 1.0000 | 0.3309 | 0 | 0 | 0.2581 | 0.75002 | 0 | 0.1858 | 0.2783 |
| | C5 | 0.1093 | 0.1129 | 0.2209 | 0 | 0.1009 | 0.1759 | 0.5279 | 0 | 0 | 0 | 0 | 0.4448 | 0 | 0 | 0.2974 | 0.4431 |
| E | E1 | 0.1172 | 0.5396 | 0.6738 | 1.0000 | 0 | 0 | 0.2500 | 0 | 0 | 0 | 0 | 0 | 0 | 0.75 | 0 | 0 |
| | E2 | 0.2684 | 0.1634 | 0.1007 | 0 | 1.0000 | 0.0000 | 0.7500 | 0 | 1.0000 | 0 | 0 | 0 | 0 | 0.25 | 0 | 0 |
| | E3 | 0.6144 | 0.2970 | 0.2255 | 0 | 0 | 0 | 0 | 0 | 0 | 0 | 0 | 1.0000 | 1.0000 | 0 | 1.0000 | 1.0000 |
| D | D1 | 0.3333 | 0.7500 | 0.2000 | 0.7500 | 0.2500 | 0.7500 | 0.7500 | 0.7500 | 0.2500 | 0 | 0.7500 | 0 | 0 | 0 | 0 | 1.0000 |
| | D2 | 0.6667 | 0.2500 | 0.8000 | 0.2500 | 0.7500 | 0.2500 | 0.2500 | 0.2500 | 0.7500 | 0 | 0.2500 | 0 | 0 | 0 | 1.0000 | 0 |

**表 5.7  应用 ANP 模型的 IT 外包范围选择加权超级矩阵**

| | | A | | | B | | | C | | | | | E | | | D | |
| | | A1 | A2 | A3 | B1 | B2 | B3 | C1 | C2 | C3 | C4 | C5 | E1 | E2 | E3 | D1 | D2 |
|---|---|---|---|---|---|---|---|---|---|---|---|---|---|---|---|---|---|
| A | A1 | 0 | 0 | 0 | 0 | 0 | 0 | 0 | 0 | 0 | 0 | 0 | 0 | 0 | 0 | 0.0061 | 0.0069 |
| | A2 | 0 | 0 | 0 | 0 | 0 | 0 | 0 | 0 | 0 | 0 | 0 | 0 | 0 | 0 | 0.0115 | 0.0120 |
| | A3 | 0 | 0 | 0 | 0 | 0 | 0 | 0 | 0 | 0 | 0 | 0 | 0 | 0 | 0 | 0.0326 | 0.0314 |
| B | B1 | 0.2632 | 0.0683 | 0.1041 | 0 | 0.4157 | 0.3458 | 0.3473 | 0 | 0 | 0.1280 | 0.3050 | 0 | 0 | 0 | 0.2570 | 0.2483 |
| | B2 | 0.0912 | 0.1240 | 0.0656 | 0.1153 | 0 | 0.1153 | 0.0663 | 0 | 0 | 0.0559 | 0.0924 | 0 | 0 | 0 | 0.1123 | 0.1043 |
| | B3 | 0.0633 | 0.2254 | 0.2479 | 0.3458 | 0.1386 | 0 | 0.1517 | 0.4176 | 0.5652 | 0.2930 | 0.1679 | 0 | 0 | 0 | 0.0490 | 0.0657 |
| C | C1 | 0.0768 | 0.0290 | 0.1048 | 0.2362 | 0.1473 | 0.0563 | 0 | 0 | 0.1014 | 0.1188 | 0.0716 | 0.0632 | 0 | 0 | 0.0497 | 0.0114 |
| | C2 | 0.0402 | 0.0507 | 0.0161 | 0 | 0.0649 | 0.0233 | 0 | 0.0771 | 0.0314 | 0.0313 | 0.0359 | 0.0833 | 0 | 0 | 0.0116 | 0.0217 |
| | C3 | 0.0185 | 0 | 0 | 0 | 0.0985 | 0.0887 | 0 | 0 | 0.0748 | 0.1638 | 0 | 0 | 0 | 0 | 0 | 0 |
| | C4 | 0.0400 | 0.0951 | 0.0327 | 0 | 0.0431 | 0.0165 | 0.0372 | 0.1970 | 0.0883 | 0 | 0 | 0.0860 | 0.2500 | 0 | 0.0220 | 0.0330 |
| | C5 | 0.0215 | 0.0223 | 0.0435 | 0 | 0.0286 | 0.0416 | 0.1408 | 0 | 0 | 0 | 0 | 0.1483 | 0 | 0 | 0.0353 | 0.0525 |
| E | E1 | 0.0306 | 0.1409 | 0.1759 | 0.1682 | 0 | 0 | 0 | 0.0653 | 0 | 0 | 0 | 0 | 0 | 0.75 | 0 | 0 |
| | E2 | 0.0701 | 0.0427 | 0.0263 | 0 | 0 | 0.1682 | 0.1959 | 0 | 0.2981 | 0 | 0 | 0 | 0.25 | 0 | 0 | 0 |
| | E3 | 0.1604 | 0.0775 | 0.0589 | 0 | 0 | 0 | 0 | 0 | 0 | 0 | 0 | 0.6667 | 0.6667 | 0 | 0.2551 | 0.2551 |
| D | D1 | 0.0414 | 0.0932 | 0.0248 | 0.1009 | 0.0405 | 0.1009 | 0.1261 | 0.0932 | 0.0420 | 0 | 0.1261 | 0 | 0 | 0 | 0 | 0.1579 |
| | D2 | 0.0828 | 0.0311 | 0.0994 | 0.0336 | 0.1214 | 0.0336 | 0.0420 | 0.0311 | 0.1261 | 0 | 0.0420 | 0 | 0 | 0 | 0.1579 | 0 |

**表 5.8  应用 ANP 模型的 IT 外包范围选择极限超级矩阵**

| | | 1 | | | 2 | | | 3 | | | | | 5 | | | 4 | |
| | | A | | | B | | | C | | | | | E | | | D | |
| | | A1 | A2 | A3 | B1 | B2 | B3 | C1 | C2 | C3 | C4 | C5 | E1 | E2 | E3 | D1 | D2 |
|---|---|---|---|---|---|---|---|---|---|---|---|---|---|---|---|---|---|
| A | A1 | 0.0005 | 0.0005 | 0.0005 | 0.0005 | 0.0005 | 0.0005 | 0.0005 | 0.0005 | 0.0005 | 0.0005 | 0.0005 | 0.0005 | 0.0005 | 0.0005 | 0.0005 | 0.0005 |
| | A2 | 0.0009 | 0.0009 | 0.0009 | 0.0009 | 0.0009 | 0.0009 | 0.0009 | 0.0009 | 0.0009 | 0.0009 | 0.0009 | 0.0009 | 0.0009 | 0.0009 | 0.0009 | 0.0009 |
| | A3 | 0.0025 | 0.0025 | 0.0025 | 0.0025 | 0.0025 | 0.0025 | 0.0025 | 0.0025 | 0.0025 | 0.0025 | 0.0025 | 0.0025 | 0.0025 | 0.0025 | 0.0025 | 0.0025 |
| B | B1 | 0.1207 | 0.1207 | 0.1207 | 0.1207 | 0.1207 | 0.1207 | 0.1207 | 0.1207 | 0.1207 | 0.1207 | 0.1207 | 0.1207 | 0.1207 | 0.1207 | 0.1207 | 0.1207 |
| | B2 | 0.0467 | 0.0467 | 0.0467 | 0.0467 | 0.0467 | 0.0467 | 0.0467 | 0.0467 | 0.0467 | 0.0467 | 0.0467 | 0.0467 | 0.0467 | 0.0467 | 0.0467 | 0.0467 |
| | B3 | 0.1114 | 0.1114 | 0.1114 | 0.1114 | 0.1114 | 0.1114 | 0.1114 | 0.1114 | 0.1114 | 0.1114 | 0.1114 | 0.1114 | 0.1114 | 0.1114 | 0.1114 | 0.1114 |
| C | C1 | 0.0667 | 0.0667 | 0.0667 | 0.0667 | 0.0667 | 0.0667 | 0.0667 | 0.0667 | 0.0667 | 0.0667 | 0.0667 | 0.0667 | 0.0667 | 0.0667 | 0.0667 | 0.0667 |
| | C2 | 0.0248 | 0.0248 | 0.0248 | 0.0248 | 0.0248 | 0.0248 | 0.0248 | 0.0248 | 0.0248 | 0.0248 | 0.0248 | 0.0248 | 0.0248 | 0.0248 | 0.0248 | 0.0248 |
| | C3 | 0.0276 | 0.0276 | 0.0276 | 0.0276 | 0.0276 | 0.0276 | 0.0276 | 0.0276 | 0.0276 | 0.0276 | 0.0276 | 0.0276 | 0.0276 | 0.0276 | 0.0276 | 0.0276 |
| | C4 | 0.0508 | 0.0508 | 0.0508 | 0.0508 | 0.0508 | 0.0508 | 0.0508 | 0.0508 | 0.0508 | 0.0508 | 0.0508 | 0.0508 | 0.0508 | 0.0508 | 0.0508 | 0.0508 |
| | C5 | 0.0424 | 0.0424 | 0.0424 | 0.0424 | 0.0424 | 0.0424 | 0.0424 | 0.0424 | 0.0424 | 0.0424 | 0.0424 | 0.0424 | 0.0424 | 0.0424 | 0.0424 | 0.0424 |
| E | E1 | 0.1598 | 0.1598 | 0.1598 | 0.1598 | 0.1598 | 0.1598 | 0.1598 | 0.1598 | 0.1598 | 0.1598 | 0.1598 | 0.1598 | 0.1598 | 0.1598 | 0.1598 | 0.1598 |
| | E2 | 0.0846 | 0.0846 | 0.0846 | 0.0846 | 0.0846 | 0.0846 | 0.0846 | 0.0846 | 0.0846 | 0.0846 | 0.0846 | 0.0846 | 0.0846 | 0.0846 | 0.0846 | 0.0846 |
| | E3 | 0.1830 | 0.1830 | 0.1830 | 0.1830 | 0.1830 | 0.1830 | 0.1830 | 0.1830 | 0.1830 | 0.1830 | 0.1830 | 0.1830 | 0.1830 | 0.1830 | 0.1830 | 0.1830 |
| D | D1 | 0.0475 | 0.0475 | 0.0475 | 0.0475 | 0.0475 | 0.0475 | 0.0475 | 0.0475 | 0.0475 | 0.0475 | 0.0475 | 0.0475 | 0.0475 | 0.0475 | 0.0475 | 0.0475 |
| | D2 | 0.0301 | 0.0301 | 0.0301 | 0.0301 | 0.0301 | 0.0301 | 0.0301 | 0.0301 | 0.0301 | 0.0301 | 0.0301 | 0.0301 | 0.0301 | 0.0301 | 0.0301 | 0.0301 |

## 二、ANP 模型应用结果讨论

M 企业在 2004 年开始将网站设计和维护外包给信息技术公司 B，之后于 2005 年将企业的管理系统软件开发工作也转交给了 B 公司，并与 B 公司保持着良好的合作关系。M 公司的 IT 主管将公司选择外包的原因归结为两方面：一方面是为了软件系统开发、验收、使用环节可以分开管理，相关的责、权、利能够清晰界定，如果全部由内部来完成，内部管理成本高、IT 员工规模要增加、IT 服务效率不高，外包出去能够提高管理的柔性；另一方面是外包商专业服务水平和信息化的迫切需求作为主要考虑因素。

从 M 公司的信息化发展程度来看，笔者认为 M 公司已经基本完成了企业的 IT 基础设施建设，目前企业内部各项 IT 系统运行良好，正在进入业务与 IT 相融合的信息化发展第二阶段，IT 的战略地位变得越来越重要。

M 公司 IT 部门承担着整个企业的 IT 规划、IT 系统运营、网络设备维护、项目工程的 IT 系统建立与维护等工作，现有的 IT 员工主要包括 IT 技术支持、运维服务和 IT 架构规划师。其中 IT 规划师承担着与各业务部门沟通，将业务的 IT 需求进行清晰表达的"翻译"角色，即承担着 IT 与业务的关系管理，这是该公司的核心 IT 能力之一。由于 M 公司的核心业务是建筑项目招投标、项目实施等，每一个项目的整体进展和业务流程都依赖于企业 IT 系统的良好支持，因此工程项目的 IT 系统构建、维护是维持整个建筑工程项目顺利实施的基础保障，目前企业内部 IT 员工的技术支持和运营维护工作能够满足企业战略需求，所以没有选择将 IT 系统运营维护外包出去。

从 IT 外包范围分析，M 企业网站的建设与维护、软件系统的开发与维护都属于企业的"事前限制类"IT 资源。从 IT 技术角度来看，这两项外包活动实质上都可以看作 IT 系统的开发和维护，企业网站也是一类 Web 系统的设计和开发任务。也就是说，M 企业把 IT 活动顺序两端活动——IT 规划、IT 运营和维护留在了企业内部，而将中间的 IT 活动——系统开发和设计外包给专业外包商。

从 M 企业的 IT 外包案例分析，再次验证了已有的外包商关系在企业的 IT 外包决策过程中具有显著的影响作用。M 企业从开始将网站设计和维护到后期的软件系统开发和维护，都选择了 B 公司作为其外包商，双方良好的外包合作关系起到了关键的作用。

由此，本书认为在 IT 外包决策过程中外包模式设计阶段，决策主体在确定外包范围的同时，对于外包商的搜寻、评估和选择也在进行之中。也就是说，决策主体在确定外包范围和外包商的选择中，具有一定的并行关系。简单来说，就是考虑外包什么的同时，也在考虑有没有合适的外包商可供选择，候选外包商的数量有多少、外包商的可替代性等。基于此，本书将进一步分析 IT 外包模式设计中的外包范围与外包商关联性。

## 第五节  IT 外包范围与外包商选择关联分析

从决策时序上来看，IT 外包商的选择是在外包范围确定以后进行的，实际上决策主体在进行 IT 外包范围选择的同时，对 IT 外包商的选择评估也在考察之中。如上分析，决策主体在外包范围的选择中外包商因素已经作为其决策准则之一，那么可以说，外包范围确定的同时，潜在的候选外包商已经初步形成了。

由于 IT 外包服务本身具有多元化和复杂异构性、不确定性和嵌入性，使得 IT 外包的复杂动态性高于其他业务外包，因此传统制造业中供应商选择的大部分方法并不完全适合 IT 外包商选择。在已有文献中，对于 IT 外包商选择进行了较多的分析和探讨，在本书第五章第一节中已经进行了综述分析。综合已有文献研究，可以看出现有文献对于 IT 外包商的选择主要集中在评价指标和评价方法两个方面，而对于 IT 外包范围和 IT 外包商选择之间的相互关联性考虑较少，在 IT 外包决策过程中各决策环节是相互作用、不可分割的。因此，本书在参考已有文献研究成果的基础上，认为在选择评估 IT 外包商时，同时要考虑 IT 外包范围这一因素。

企业决策主体一旦选择了明确的 IT 外包范围，就意味着企业拒绝了一些 IT 活动的"内在化"过程，那么企业要在一定的外包期限内通过外包商来提供这些 IT 服务或产品，这些 IT 服务和产品在外包市场中的成熟度或商品性特征是否显著，能够提供此类外包服务的外包商数量多少影响着决策主体对于 IT 外包商的选择，本书将这一因素的考虑归结为 IT 外包商的可替代性。

当 IT 外包范围中的 IT 活动或 IT 项目具有较高的通用性，即资产专用性较低，没有明显的行业特征，外包市场中有一大批能够提供此类服务的外包商，那么此时外包商的选择范围很大，即 IT 外包商的可替代性较高；如果 IT 外包范围中所涉及的外包活动或外包项目，具有较高的资产专用性、明显的行业特征外包项目流程，外包市场中能够提供此类服务的外包商数量较少，那么此时外包商的选择范围很小，即 IT 外包商的可替代性较低。

进一步分析，可以发现 IT 外包范围影响着决策主体对 IT 外包商关系模式的选择，即是选择单一外包商还是多个外包商的服务模式。IT 外包范围包含的 IT 活动和 IT 项目比较单一，如网站设计和维护、具体的程序开发或服务器托管维护等，那么选择单一外包商能够提高服务效率和质量，同时外包搜寻成本、谈判成本和外包监控成本等较低。如果 IT 外包范围涉及面较大，提供的 IT 功能和服务比较复杂，甚至有的企业选择了整体性 IT 外包，此时采用多个外包商模式，能够降低外包风险、提高外包商的竞争意识和服务质量，而这一模式下的外包谈判成本、外包监控成本相对较高，即外包商的协调成本增加、外包合同复杂程度增加。

由于在外包范围选择时，外包商因素已经作为一个评估准则进行分析，那么在 IT 范围确定的同时，潜在的候选 IT 外包商也就产生了。下一步就要根据外包范围确定 IT 外包商模式，选择单一还是多个外包商，然后根据外包范围进一步评估候选外包商。已有的 IT 供应商（外包商）关系、外包商可信赖程度和外包商可观察程度影响着 IT 外包范围的选择，并进一步影响到外包商的评估选择中。由此，我们可以构建 IT 外包商选择流程如图 5.7 所示。

本书在总结已有文献中的外包商评估准则的基础上，增加对外包商可替代性这一因素的考虑，认为 IT 外包商评估准则包括外包商的 IT 专业服务能力，外包服务成本，外包商信誉、名望，组织文化匹配和外包商的可替代性

```
┌─────────────────┐      ┌──────────────────┐        ┌───┐
│  IT 外包范围     │─────▶│  潜在的候选 IT 外包商 │        │评 │
├─────────────────┤      └──────────────────┘        │估 │
│ 已有 IT 供应商关系 │             ┌──────────────┐        │候 │
│ 外包商可信赖程度  │             │  单一 IT 外包商 │◀───────│选 │
│ 外包商可观察程度  │        ┌───▶└──────────────┘        │IT │
└─────────────────┘        │     ┌──────────────┐        │外 │
                           │     │  多个 IT 外包商 │◀───────│包 │
                           │     └──────────────┘        │商 │
              ┌────────────────────────────┐             └───┘
              │ 外包商评估准则              │
              │ U1：专业服务能力            │
              │ U2：外包服务成本            │
              │ U3：信誉、名望              │
              │ U4：组织文化匹配            │
              │ U5：可替代性                │
              └────────────────────────────┘
```

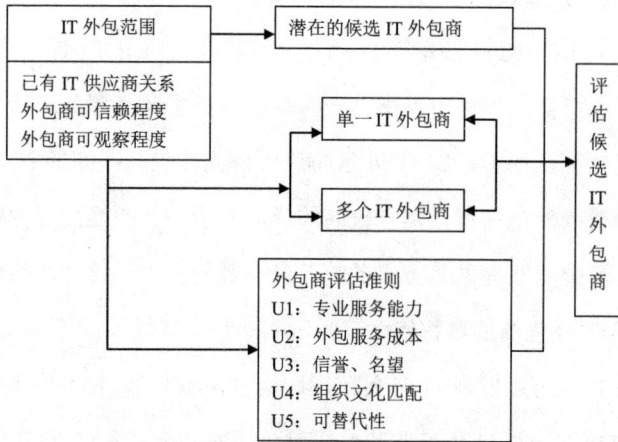

**图 5.7　IT 外包范围与外包商选择关联分析**

U1：IT 外包商的专业服务能力是对外包商是否能够提供所需的专业 IT 服务的综合 IT 能力考察。包括两方面：一方面是对外包商整体的 IT 专业能力评估，包括软硬件技术能力、信息安全技术能力、系统整合能力、产品性能的品质和可靠程度、研发能力等，另一方面是对其外包服务质量的评估，包括外包服务营运能力、项目管理能力、投入人员、费用等。也就是说，既要分析外包商是否具备了能够提供（相比内部 IT 部门）更为专业的技术能力，也要分析外包商是否能够提供满意的外包服务质量。

U2：外包服务成本包括显性外包成本和隐性外包成本两部分。显性外包成本是指明确量化的外包商服务价格费用等，隐性成本是指外包的监控成本、协调成本等无法明确量化的费用，这一因素同样受到了外包商模式的影响。

U3：外包商的信誉、名望是通过外包市场中外包客户、同行比较等对外包商服务的外部评价。社会信誉度高的外包商在外包过程中可能采取投机取巧、不负责任的行为很少，这样也相对降低了企业面临外包失败的风险。

U4：组织文化匹配是对外包双方合作过程中组织文化的相容性考虑，外包商对客户企业 IT 文化的了解程度，影响到外包实施执行过程，即外包商能够与客户企业实现外包服务的顺利交付，在很大程度上依赖于双方员工的沟通和合作。

U5：外包商的可替代性是本书增加的一个评估准则，目的是根据所确定的外包范围分析外包市场中能够提供此类服务的外包商参与竞争程度。

确定候选 IT 外包商以后，接下来就是外包合同的拟定、谈判、签订等，也就是完成了整个外包方案的设计环节，是否能够达到外包的预期目标，就依赖于外包的具体实施过程和绩效评估。本书在第六章对 IT 外包决策实施阶段的关键成功要素和外包决策多主体评估体系进行具体分析。

# 第六节　本章小结

本章主要针对企业 IT 外包决策过程中的外包模式设计进行研究。分析提出了多维度 IT 外包模式设计分析框架，包括企业 IT 背景、IT 应用战略地位、IT 外包成本和外包商因素，基于 ANP 网络层次分析原理，考察了上述元素组和元素之间的相互依存、相关影响关系，构建了企业 IT 外包范围决策 ANP 模型，应用专业的 SD 决策软件实例分析了 ANP 模型的应用，验证了模型的有效性和实用性。

基于上述研究，进一步分析了 IT 外包模式设计中的外包范围与外包商关联性，认为决策主体在确定 IT 外包范围的同时，潜在的候选 IT 外包商已经形成，即外包范围和外包商选择问题不能割裂，两者之间具有明显的相互作用关系，IT 外包范围选择影响着 IT 外包商关系模式的选择和外包商的评估准则。在此基础上，给出了 IT 外包商选择流程和具体的外包商评估准则。

# 第六章 企业 IT 外包决策实施与评价分析

IT 外包决策不仅要考虑从外部获取 IT 资源还是内部培育和发展（outsourcing VS. insourcing）的决策问题，还要分析如何配置外包的结构安排（structure the sourcing arrangement），包括外包范围、外包商和外包合同等，更多的是要分析外包实施过程中如何实现外包服务更好的交付和接受，外包控制和柔性管理之间的权衡及如何评价外包绩效等。本章主要对 IT 外包决策实施过程中的方案选择、影响外包双方的共同因素及 IT 外包绩效评价展开分析。

## 第一节 企业 IT 外包实施方案选择

企业 IT 外包实施方案是指在企业特定情境下，企业现有 IT 资源与企业战略之间供需不平衡的解决方案中，被广泛接受并成为企业 IT 外包的主要战略决策准则，是用来描述企业如何在特定情境下选择 IT 外包方案。

### 一、企业 IT 外包实施方案分类

Gilley and Rasheed（2000）在国际著名期刊《管理杂志》上提出外包活动

涵盖两大类：一类是常见的替代型外包（substitution-based outsourcing），即将企业原有的产品或活动外包出去；另一类是企业把原本没有的产品或活动通过外包这一中间市场来获得的外包方式，并将其称为放弃型外包（abstention-based outsourcing）。其中替代型外包是最为常见的一种外包，也是学者主要的研究对象，而放弃型外包则是一种独特的外包方式，针对这两种重要的外包类型要明确区分。Tim and Michael（2007）也认为这两种外包所考察的因素并不相同，但对此并没有展开深入的研究。在笔者检索查阅到的文献中，其他学者也没有对这两类外包进行清楚的划分和系统分析。

在 Gilley and Rasheed（2000），Tim and Michael（2007）对外包活动划分的基础上，本书将现代 IT 外包实施方案归纳为两大类：替代型 IT 外包和放弃型 IT 外包。

### 1. 替代型 IT 外包

替代型 IT 外包，是指企业将已有的 IT 活动或 IT 功能转交给中间市场的外包商来提供替代型服务的外包决策模式。选择替代型外包意味着企业外包的目的是为了更多地获取外包商规模经济优势、柔性管理、高效专业 IT 服务等，认为外包商提供的替代型 IT 绩效要高于所替代的原有企业内部 IT 绩效，外包决策主要考察这两种能力绩效的比较。

典型的替代型外包活动包括桌面帮助服务（help-desk）、IT 运营维护、数据中心、服务器托管、网络设备维护等。可以看出，这些 IT 活动大多属于对 IT 基础设施类资源的外包活动。如 IT 外包史上具有里程碑意义的外包事件——1989 年的"柯达外包"就属于典型的替代型 IT 外包决策。

实际上，在现有文献的研究中，主要分析研究的是替代型 IT 外包，本书在分析 IT 外包的概念时，总结出早期 IT 外包研究文献中，对 IT 外包的概念界定中强调 IT 外包是一种相关 IT 资产、人员等的"转移"过程，即从"内部化"转向"外部化"的过程。那么这种具有一定"转移"过程的外包就是替代型外包。

企业采纳替代型 IT 外包主要源于以下几方面的考虑。

（1）外包商的相对成本优势。即外包商具有的规模经济使得外包商比外包客户企业具有一定的 IT 生产成本优势。对 IT 外包成本的考虑在外包决策过程中，具有显著的影响作用，本书在前面已经进行了分析和验证。那么这一因素在替代性 IT 外包模式的选择上，同样起着显著的作用。这是企业选择外包商来替代内部 IT 部门的主要经济驱动因素，也是驱动 IT 外包发展的重要因素。另外，随着 IT 外包市场的迅速发展，IT 专业外包商在不断扩大自身的 IT 服务规模、服务水平，延长 IT 服务的价值链，使得企业可以选择的 IT 外包活动或 IT 项目不断增加，导致 IT 外包活动中 IT 的商品特征愈加显著。

（2）企业熟悉外包活动或外包项目、外包活动的复杂程度相对较低。采用替代型 IT 外包，说明外包的 IT 活动原来是由企业内部 IT 部门来实施完成，决策主体对外包的相关 IT 活动比较熟悉，IT 项目的复杂程度相对较低，在这种情况下，决策主体能够清晰地描述外包活动的具体任务需求，决策过程中的信息搜寻成本、外包合同谈判成本及其外包执行过程的监控成本相对较低，同时对于 IT 外包活动的绩效评价也有前期自身的 IT 活动执行经验作为参考。简言之，外包活动的熟悉程度高、复杂程度较低时，会降低外包的搜寻、谈判、监控等成本。

（3）外包活动或外包项目的战略地位较低。采用替代型 IT 外包时，外包范围中具体的 IT 活动或 IT 项目的战略地位相对较低。也就是说，企业通常会选择把一些外围的、非核心的 IT 活动转移给外包商来管理，这一因素在前文也得到了验证。本书认为，考察外包任务的战略地位可以从对企业竞争优势的贡献程度、对核心业务的支持程度、相关知识的可剥离程度三方面进行分析，替代型 IT 外包中的外包任务或项目通常承担着支持企业业务的作用，但很少涉及企业的核心业务，不能提供企业的核心战略竞争优势，与涉及完成该 IT 任务或项目的相关知识的可剥离程度较高。

（4）企业内部 IT 效率低。企业内部 IT 员工效率不高，将降低 IT 对企业业务运营的支持程度，使得企业难以获得 IT 带来的竞争优势，将企业原内部提供的效率低的 IT 功能或服务转交给外包商来提供，以期获得柔性管理和高效服务。

2. 放弃型 IT 外包

放弃型 IT 外包，是指企业外包范围不再限于企业已有的 IT 活动或 IT 功能，而是将某些新的 IT 服务或产品直接交由外包商来提供。企业直接选择中间市场来获取所需的 IT 资源，避免了依靠企业内部自身培育和发展这些 IT 资源所必需的 IT 投资。放弃型外包要考察两种获取模式的成本差别，即企业内部培育和发展所需的内部开发成本、从中间市场——外包商那里获取所需的外包成本之间的成本差别。我们认为，选择这种外包意味着企业放弃了培育发展相关 IT 能力的机会，而将这种能力依赖于中间市场——外包商的能力，对外包商的依赖程度较高，外包关系不再是单纯的市场关系（arm-length），而更多地会选择中间关系，并向伙伴关系靠拢。

典型的放弃型 IT 外包活动包括企业软件开发、大型复杂管理信息系统（如 ERP 等）实施、系统集成、IT 咨询、IT 规划等。中国国家开发银行的 IT 外包就属于典型的放弃型 IT 外包。国家开发银行的整体 IT 架构依赖于不同外包商的服务体系，其 IT 战略管理规划交给了德勤、IT 应用层的核心系统采用了国外的软件产品、神州数码承担了集成和本地化工作、网络中的局域网和广域网外包交给了中国电信，而硬件设备，服务器、桌面台式机等，采用租用的方式选择了中国惠普作为合作伙伴。此外，中国航空油料集团公司把 ERP 实施与维护全部外包给了民航中天，这一 IT 外包案例也属于放弃型 IT 外包。

分析企业选择放弃型 IT 外包的主要原因如下。

（1）外包商的规模经济。选择放弃型 IT 外包，企业不再对相关的 IT 资产、人员等进行专门投资，直接依靠外包商来提供所需的 IT 服务和产品，意味着外包商规模经济影响着决策主体的决策规则，即能够帮助企业减少 IT 投资，缩减 IT 成本，充分利用中间市场来快速获取所需的 IT 资源。

（2）企业战略需求。为适应企业战略需求，短期内完成 IT 基础设施建设、复杂信息系统应用等 IT 应用的战略问题。论文在第四章已经分析了企业信息化需求、战略需求对于企业采纳 IT 外包决策具有显著的影响，企业必须尽快获取一些

"事前限制"性IT资源来为企业创造竞争优势，满足企业战略需求，那么放弃型IT外包就成为企业的战略选择。

（3）获取先进的IT技能。由于IT技术的迅速发展，技术更新周期短，利用外包商的专业技术优势，帮助企业尽快使用先进的IT技能，避免内部培育带来的技术失败风险。

（4）外包IT的商品特征。如前所述，外包商在不断扩大自身的IT服务规模、服务水平，延伸IT服务的价值量，可供企业选择的IT外包活动或IT项目在不断增加，使得外包活动中IT的商品特征愈加显著。那么对于一些初创企业来说，或者信息化刚刚起步的企业，企业的信息化发展模式有了新的选择，外包成为这些企业新的IT资源获取方式。

## 二、企业IT外包实施方案选择分析

本书在第四章第三节已经验证了企业信息化发展阶段和所处行业的IT关联程度的交互作用对于企业外包范围具有显著的影响，即在上述两个维度的交互作用下，影响着企业的IT缺口及其IT应用的战略地位和IT外包成本，进而影响企业IT外包实施方案选择。为此，本书构建两类企业IT外包实施方案选择框架，如图6.1所示，分析认为影响企业选择不同外包实施方案的因素包括相对成本优势，内部IT效率，IT活动的熟悉程度、复杂程度，企业战略需求和外包商规模经济等。

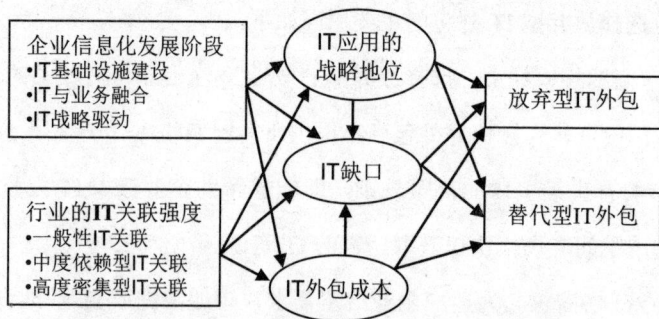

**图 6.1 企业 IT 外包实施方案选择分析框架**

1. 信息化发展阶段对 IT 外包实施方案选择的影响分析

企业在不同的信息化发展阶段和不同的 IT 应用战略路径中，其 IT 缺口特征不同。企业信息化发展初期即 IT 基础设施建设阶段，企业通常面临着 IT 投资缺口，一类是企业没有足够的闲散资金购买相关的 IT 平台、数据库、硬件设施等，另一类是企业虽然有财务能力购买 IT 基础设施，但相比较而言，企业自己购买和从外包商那里租用两种模式，后者的成本更低一些。因此，IT 基础设施建设阶段较低的 IT 投资和合理的 IT 成本是企业采纳 IT 外包决策的关键经济驱动因素。

在 IT 基础设施建设早期，相关的 IT/IS 设备、系统等安装、调试和实施是主要的 IT 活动，当企业内部缺少一定的 IT 技能来完成相应的 IT 活动和服务时，则产生了技术性 IT 技能缺口。而随着 IT 基础设施建设的不断发展和完善，企业业务对 IT 的依赖程度则逐渐加深，IT 的正常、高效运营成为关键的 IT 需求，由此导致企业对 IT 技能需求越来越高，当企业自己内部的 IT 技能落后于外部专业的 IT 服务商，我们认为，此时也产生了高效运营 IT 技能缺口。因此，IT 技能缺口是企业采用 IT 外包的重要技术驱动因素。

当企业内部缺少一定的 IT 技能来完成相应的 IT 服务时，则产生技术性 IT 技能缺口；当企业自己内部的 IT 技能落后于外部专业的 IT 服务商，表现为企业 IT 开发能力低、IT 运营维护效率低、IT 安全控制能力低等，则产生了 IT 高效运营技能缺口。具体来说，当企业的 IT 活动或项目流程复杂，如 ERP 的安装、调试和实施等，企业缺乏相应的 IT 技能来完成内部安装、调试、实施等，此时企业可以采用 IT 外包来填补 IT 技能缺口。相反，当企业内部 IT 优于外部，或者企业 IT 员工在企业特有的 IT 功能中起着独特作用，并很难被其他竞争者模仿时，我们认为此时 IT 技能的培育和发展要保留在企业内部。

当企业进入信息化发展的 IT 与业务融合、IT 战略驱动阶段，企业的 IT 基础设施建设逐渐走向成熟，企业对高层次的 IT 专家资源、IT 与业务的关系管理等需求增加，企业的 IT 缺口更多表现为无形的 IT 资源缺口，这些与企业 IT 文化资源、IT 与业务关系资源相关联，是维持企业持续竞争优势的关键来源，最好保留在企业内部来培育和发展。

因此，本书提出研究命题 1：

企业信息化发展初期——IT 基础设施建设阶段，较低的 IT 投资、合理的 IT 成本、IT 技能缺口是企业采纳 IT 外包战略决策的关键驱动因素，当企业 IT 资源缺口的相关战略地位较低时，企业为快速获取所需的 IT 资源，倾向于采用放弃型外包；在企业信息化发展中、后期——IT 与业务融合阶段、IT 战略驱动阶段，企业的无形 IT 资源缺口增加，此时采用替代型外包，将有助于企业培育和发展核心 IT 资源和 IT 能力。

### 2. 行业的 IT 关联程度对 IT 外包实施方案选择的影响分析

当企业所处的行业 IT 关联程度越高，处于中度依赖和高度密集型时，企业对 IT 的战略需求增加，IT 应用的战略地位相应提高，战略作用相对显著，在 IT 基础设施建设阶段企业对相关的 IT 硬件、软件的实施和运营的需求显著，采用放弃型 IT 外包战略解决企业的 IT 缺口是企业在较短时间内快速获取"事前限制"IT 资源的战略决策方法。

当企业信息化发展到 IT 与业务融合阶段，并逐渐向 IT 战略驱动阶段过渡时，此时企业 IT 需求特征与 IT 基础设施建设阶段不同，IT 不仅承担着支持业务运营，同时成为企业战略实现的重要手段和方法，IT 的战略地位相应提高。此阶段企业内部的 IT 活动逐渐增多，IT 对业务的理解程度逐渐加深，企业对 IT 活动和 IT 项目的熟悉程度提高，企业为了更好地关注核心业务，会更多地将企业熟悉的、具有显著商品性特征的 IT 功能外包给具有规模经济的专业 IT 外包商，以期获得外包带来的相对成本优势、获得柔性管理、更专业的技术服务等收益。

因此，我们可以提出研究命题 2：

企业处于信息化发展初期——IT 基础设施建设阶段，企业所处行业的 IT 关联程度越高，则企业越倾向于采用放弃型 IT 外包；当企业处于信息化发展中后期，

IT 应用战略路径表现为 IT 与业务融合、IT 战略驱动，企业所处行业的 IT 关联程度越高，企业越倾向于采用替代型 IT 外包。

本书在第五章第四节实例分析的 M 公司 IT 外包就属于替代型 IT 外包，即将企业原有的 IT 活动转移到外包商来管理和提供 IT 产品和服务。M 的信息化发展程度较高，行业 IT 关联属于中度关联，根据上述分析的信息化发展程度和行业 IT 关联程度对 IT 外包实施方案选择的影响，M 企业应倾向于选择替代型 IT 外包，与 M 企业的外包现状一致，这也再次验证了本书对这两类 IT 外包实施方案的分析结论。

综合上述分析，采用替代型 IT 外包的企业中，信息化发展程度较高的企业要高于信息化发展程度低的企业，企业信息化程度相对较低的企业更倾向于采用放弃型 IT 外包。

# 第二节　企业 IT 外包实施关键成功要素

外包的实施阶段是 IT 外包整个生命周期中关键的阶段，也是 IT 外包发展过程中最为漫长的一个阶段。决策主体在 IT 外包决策过程中的前两个阶段是在对整个外包方案进行具体的部署和规划，那么当外包双方签署了外包合同，进入了外包实施阶级，就意味着决策主体进入了某种外包关系的管理过程，需要协调、监督、控制整个外包的执行过程。

在已有文献分析的基础上，同时结合多家企业访谈的结果，可以发现在 IT 外包执行过程中，对于外包双方组织而言，外包关系管理、IT 外包管理能力、知识流动与共享、双重技能外包人才（dual-role skilled people）成为影响外包顺利实施的共同因素，如图 6.2 所示。

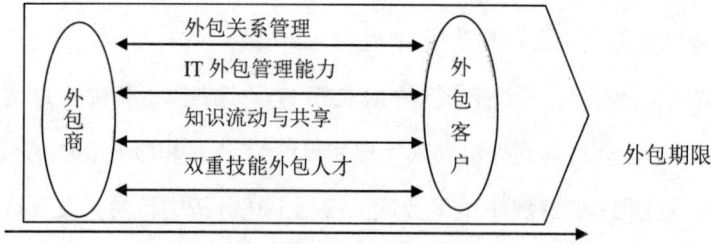

**图 6.2　IT 外包决策实施关键成功要素**

## 一、IT 外包关系管理

外包的成功实施不仅仅依靠正式合同约定的 SLA（Service Level Agreement，服务水平协议），外包双方组织间关系管理（interorganizational Relationship，IOR）至关重要（Thomas Kern and Willcocks Leslie, 2000; Klepper R.,1995; Barbara L.M. et al., 2005）。一方面，外包客户企业希望外包商绝对遵守在外包合同中的服务承诺，或者希望与外包商之间保持严格的、规范的合作关系；另一方面由于外包合同通常是不完备的，企业的外包需求随着企业的内外部环境变化而不断变化，合同是逐步实施的，同时外包环境是不断变化的，所以在合同中不可能对外包服务需求的所有环节都做出具体的规定。那么外包客户企业可能会对在合同中没有做出规定的服务产生需求，此时客户企业需要与外包商建立一种相互协作、相互理解的外包关系，以促进外包活动的顺利实施和完成。

罗伯特·克莱珀和温德尔·O,琼斯(2003)将 IT 外包关系视为一个连续的光谱，一端是市场型关系，另一端是伙伴型关系，而将占据连续光谱中间范围的关系称为"中间型"关系。其中，市场型外包关系中的 IT 外包项目通常具有商品特征，如：外包任务可以在短时间内完成；通常是一次性的合同；外包的 IT 职能主要是项目型工作；外包需求的不确定低；外包商的行为易于监控；外包合同期满后，能够在成本很低或不用成本的情况下，更换外包商，即外包商的转换成本低等。如果外包任务能在相当短的时间内、环境变化干扰外包需求的概率很小，同时外包活动中几乎没有什么资产专用性，那么选择市场型外包关系是适当的，如短期合同的程序设计。此时的 IT 外包服务通常是能够被大量 IT 服务商所提供的通用 IT 服务，外包市场的成熟度高。如果选择的外包商不理想，可以随时被其竞争者所取代。

中间型外包关系一般具有如下特点：外包任务周期较长；环境变化改变外包需求的概率较高；存在某些资产专用性；外包任务完成，维持与外包商的关系将不会产生特殊优势。例如，系统集成外包，外包商完成任务后交给外包客户，没有必要由外包商继续提供服务。

伙伴型关系通常不具备商品特征，通常外包任务持续时间长，相关外包需求会随着外包环境变化而变化；资产专用性高；外包的 IT 职能通常是基于过程型工作，具有连续性、运行性等特征，往往没有明确的起点和终点；外包商的服务行为难以监控，外包服务结果测评难度高；通常签订长期的外包合同，或者与外包商续签合同能够满足需求，进行一系列的续签合同；可提供同类外包服务的专业外包商数量较少，外包商的更换成本高。在这样的情况下，选择伙伴型外包关系是有效的。

在伙伴关系管理中，通过赢得另一方的信任和互利行为使双方的伙伴关系得以不断延续和发展（杨波等，2005）。但同时伙伴关系的管理成本和风险很高，因而伙伴关系所带来的收益必须足以抵消这些成本和风险。外包双方建立和维持良好的 IT 外包伙伴关系通常要经历四个阶段，认识（awareness）阶段、探索（exploration）阶段、扩展（expansion）阶段和完成承诺（commitment）阶段，在这四个阶段中有六个因素会影响外包关系的发展，这六个因素是吸引、沟通、讨价还价、强势及运用、期望值和制定准则（Klepper R.,1995）。

相比较而言，市场型关系中的外包需求明确具体，可以预先在合同中进行相对完备的说明。而中间型和伙伴型外包关系，则不可能签订一个完备的、能够预料外包合同期内所有可能发生的变化的合同，而外包双方或一方已经对于外包任务进行了专门的投资，如果外包合同期间合作关系破裂，外包任务将面临转换外包商或转移回企业内部的结局，这将使外包双方或一方的专门投资无法收回并造成重大损失。

综上所述，选择、建立适当的外包关系，维持、发展这种外包合作关系，成为外包实施过程中的关键。由于 IT 外包本身所具有的嵌入性和复杂动态性，外包关系的管理不仅包括正式的外包合同关系，同时基于心理契约视角下的、非正式的外包关系更加不能忽视，这种存在于外包双方组织和员工之间的隐含的、非正式的关系影响着外包的成功实施（Christine Koh et al., 2004）。

## 二、IT 外包管理能力

从决策主体开始进入 IT 外包采纳决策起，就意味着决策主体在调整自身的 IT 资源获取战略，而一旦设计完成外包方案、签订外包合同，那么就进入了 IT 外包情境下的 IT 资源管理模式。与没有进入外包关系之前相比，决策主体面临着如何调整 IT 外包关系下的内外部 IT 资源的部署和配置问题。

随着 IT 外包的不断发展，外包市场的企业需要培育一种新的技能来管理外包（Zhengzhong Shi et al., 2005)。在最新待发表的 IT 外包文献中，Han Hyun-Soo et al.（2008）将影响 IT 外包成功的企业能力归纳为三个层面：技术和管理 IT 能力（technical IT and managerical IT capability）、组织管理能力（organizational relationship capability）和外包商的管理能力（vendor management capability），其中技术型 IT 能力包括 IT 应用开发所需的技术知识和技能，管理型 IT 能力是指如何将 IT 更好地分配和部署来适应和满足企业战略需求；组织管理能力是协调 IT 与业务的关系；外包商的管理能力是对已有外包合同的管理，促进与外包商之间长期合作的外包关系。

本书认为，可以将这一方面的企业能力归结为企业的 IT 外包管理能力，即对于参与到外包活动中的企业来说，建立和提高 IT 外包管理能力，已经成为构建企业核心 IT 能力的重要组成部分。基于 Feeny-Willcocks 核心 IT 能力模型，本书认为，企业 IT 外包管理包括"有经验的购买""合同促进""合同监管"和"外包商开发"四个层面。

Feeny-Willcocks 核心 IT 能力模型是近年来在国际信息系统研究领域具有重要影响，并在一些大型跨国企业得到实际应用的现代企业核心 IT 能力研究模型（Zhengzhong Shi et al., 2005; Willcocks L. P. and Feeny D.,2006）。Feeny-Willcocks 核心 IT 能力模型分别从业务（关注业务需求的发现和交付）、技术（确保业务获得它所需要的技术能力）、管理（信息管理战略，确定 IT 活动的管理、协调和人力资源管理）和供应（对于外部服务市场的理解和利用）四个方面识别出企业的九种核心 IT 能力（Feeny and Willcocks,1998），如图 6.3 所示。

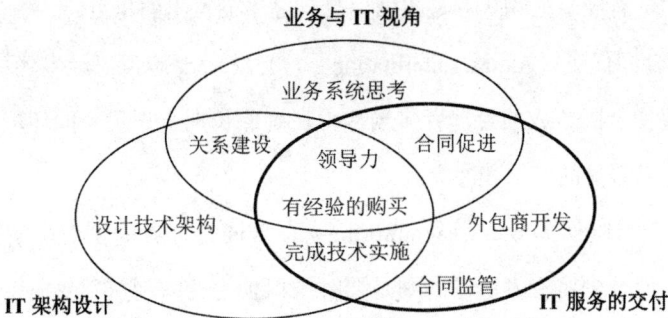

图 6.3　9 种 IT 核心能力模型

（来源：Feeny and Willicocks, 1998）

（1）领导力（leadership），对结构、流程和人员进行组织的合理安排（devise organization arrangement），完成 IT 与业务目标和活动的整合，确保 IT 功能使其投入物有所值。

（2）业务系统思考（business system thinking），是指在技术可能实现的情况下对业务流程的想象力，包括业务问题的解决、流程重组、战略发展和电子业务的交付（delivering e-business）等。

（3）关系建设（relationship buliding），促进和推动业务用户和 IT 专业人员之间更为广泛的对话，建立理解、信任与合作。关系建设者的任务是要使业务与 IT 相关方面建设性地结合起来。

（4）设计技术架构（designing technical architecture），是要为现在和将来业务需求的技术平台制定持续发展的蓝图。

（5）完成技术实施（makingtechnologu working），即快速回答技术供应链中其他人员都不愿面对的问题，并且识别如何找到那些标准技术方案中不能满足的客户需求，即确保技术上"做"的能力。

（6）有经验的购买（informed buying），这一能力涉及以下方面：面向 IT 服务的外部市场分析；适应业务需求和技术要求的采购战略（sourcing strategy）选择；对投标、签约和服务管理流程的领导能力。在已经决定要外包大部分 IT 服务的组织中，有经验的购买者是首席信息官之下最突出的角色。

（7）合同促进（contract facilitation），意味着要确保已经签约的 IT 服务合同成功，促使合同达成的管理者应当尽力在确保长期合作关系的环境下，公平地解决所有可以看见的问题和冲突。

（8）合同监管（contract monitoring），合同签订者的工作是使合同每天都发挥效用，而合同监管者所做的则是要时刻保护企业的利益不受损害。由于处在供应的领域内，所以这个角色的任务就是要使供应商将现存的服务合同和服务市场上正在发展的性能水平结合起来考虑。

（9）外包商开发（vendor development），识别 IT 外包商的潜在增加值是极其重要的，供应商开发者也处于该模型中的供应区域，关注的是供应商可以带来价值增加并创造双赢局面的长期潜力。

在 Feeny 和 Willcocks 的九种核心能力模型中，IT 服务交付即 IT 供应区域内的能力，有经验的购买、合同促进、合同监管和外包商开发这四个方面的核心 IT 能力共同构成了企业的 IT 外包管理能力。

有经验的购买是 IT 采购人员管理 IT 采购战略的能力，用来实现 IT 需求和 IT 供应之间的匹配，并将这种匹配传递给用户、管理者和操作执行者，使得所有相关群体能够更好地理解 IT 供需之间的交互作用，确保 IT 外包的成功。

合同的促进、合同监管都是一种面向活动的能力（action-oriented

competence），目的是管理合同的谈判、实施和冲突的解决，提供必要的绩效测量过程和最终绩效信息。由于在一个企业内用户接收的 IT 服务可能来自于企业内部，也可能来自于企业外部的外包商，面对多方的 IT 供应，亟须建立某种机制用来协调、协同这些来自不同组织和部门的 IT 服务。而合同的促进目的是建立 IT 服务交付的协同机制，合同监管帮助诊断管理 IT 外包客户与服务商行为时产生的问题，提出解决方案。

外包商开发既是面向未来的也是面向活动的能力，它与 IT 外包客户和服务上的长期性成功密切相关。具体来说，这是一种有利于 IT 外包客户与外包商的跨组织过程，是对业务流程和需求动机的共同理解，用以开拓新的外包潜在性和跨组织的学习过程，影响到合同的重新修订，绩效评估的改进及提高组织之间产品的经济性。

## 三、知识流动与共享

知识管理是对知识的获取、存储、共享和应用的过程，是企业获得持续竞争的一个关键因素（Spender and Grant, 1996; Brown and Duguid, 1998）。在 IT 外包双方组织间存在着一定的知识流动和传递过程，知识的流动性对于外包成功实施具有显著的影响（Lee J.N., 2001; 吴锋和李怀祖，2004）。知识包括显性知识和隐性知识。显性知识进一步可以分为高结构化显性知识和低结构化显性知识，前者为手册、报告等高度结构化的、可以文件化的知识，后者为可以文字化的低结构化知识，如网络上 BBS 的提示。隐性知识包括工作经验和技能、Know-how、Know-who 等。知识不仅来自于企业内部的创造，同时也可以从企业外部来获取。

IT 外包活动中知识流动是双向的，包括知识从客户流向外包商和知识从外包商流向客户。

一方面，从外包客户角度来看，IT 属于创新速度快、技术复杂的知识密集型领域，在一定程度上造成外包客户员工对该类技术或基本技能的理解有限，尤其是系统知识。那么外包客户企业员工需要进一步参与 IT 活动，了解外包商提供的产品和服务，进一步提出与业务相匹配的外包改进方案。即企业在信息技术外包过程中的一项重要活动就是要吸收服务商传递的必要的信息技术知识。同时为了使外包服务商提供满足行业特点和企业个性化需求的外包服务，需要向服务商传递自身的业务专业知识。

另一方面，作为外包服务商而言，能够提供满足客户需要的 IT 产品和服务，则要尽可能吸收必要的客户方的知识，包括业务流程知识和组织知识等。如果 IT 外包商没有很好地考虑客户企业 IT 应用的独特性特征，仅从 IT 技术上的成本和实现难度出发，利用通用的应用软件来处理企业个性化的 IT 职能，势必会导致外包客户满意度不高，影响到外包的成功实施，同时外包商为了让客户更好地理解其 IT 外包服务和产品，那么必然存在向客户企业传递一些 IT 系统方面的知识。

在 IT 外包过程中，外包合作各方组织之间的知识流动与沟通是外包成功的基本前提，而外包双方的合作关系质量影响着外包双方知识的传递和接收是否顺畅。随着外包合作关系的不断发展，融合了外包客户业务和外包商 IT 服务的知识流，将逐渐形成外包各方组织间的知识共享地带，而拥有业务、IT 技能和外包管理沟通技能的双重知识技能外包人才是促进外包知识流动、提高 IT 外包管理能力的关键。

## 四、双重技能外包人才

随着 IT 外包的发展，实施 IT 外包的企业对于外包过程中所需的双重技能人才要求很高，这些双重技能人才（dual-role skilled people）是指既具备一定的企业业务知识、技术理解能力，又具有良好的人际关系能力和沟通能力，能够促进外包商的外包活动的专业人员（William R. King 2004）。实质上，这些双重技能人才在 IT 外包过程中，扮演着外包组织各方的"联络员角色"（structural liaison devices），如 IT 外包项目经理或 IT 外包项目联络机构等。

应该说，双重技能人才是企业在 IT 外包环境下对 IT 人力资源的一种新的需求。双重技能人才一方面要理解企业业务流程，识别企业 IT 需求，做好 IT 服务市场分析，以实现"有经验的购买"（informed buying）；另一方面要有良好的沟通、人际交往能力，选择、建立合理的外包关系，促进外包合同的执行和外包商开发等，同时也推动着外包过程中的知识流动。

## 第三节　企业 IT 外包实施绩效评价

在 IT 外包决策过程中，外包绩效评价影响着决策主体对于外包决策规则的更新、修改和变化等。影响 IT 外包绩效评价的因素很多，也很复杂，且相互之间具有一定的作用关系。已有文献中，学者从不同视角和层面分析了 IT 外包绩效评价。Carol Saunders et al.（1997）认为，衡量 IT 外包绩效的标准要从企业外包的动因出发进行分析，将其归纳为经济、战略、技术和外包合同的整体满意度四个方面。Lee and Kim（1999）提出用户满意度是 IT 外包绩效评价的重要层面，信息质量影响着外包满意度，并从信息的可靠性（reliability）、相关性（relevancy）、及时性（timeliness）、准确性（accuracy）和完整性（completeness）来评价外包服务的信息质量。部分学者主张从外包的预期和外包实现来分析外包的产出和绩效，如是否达到了预期缩减成本或控制成本的目的，是否提高了 IT 效率、IT 技能等（Aubert Benoit A. et al., 2008; Olson, 2007）。席代昭和范体军（2007）从企业内部因素、承包商因素、环境因素及其他因素四个方面构建了 IT 外包方案评价体系等。

现有文献对于 IT 外包的绩效评价主要从外包的预期与实现、外包满意度来进行分析，即关注外包绩效的评价准则和评价指标，其评价标准包括成本、与内部服务效率比较、战略的贡献、外包产生的利润、技术的提高等。对于外包决策评价过程中所包含的决策主体及相互作用关系研究得较少。

企业在实施 IT 外包过程中，高层管理者更多的是考虑外包 IT 职能的成本标准和战略实现等；企业内外用户则关心外包服务质量；IT 主管则属于中间层面——既要从服务层面使得用户满意，又要试图将 IS 职能转变为利润中心，从而提高企业 IT 的可信度和战略地位。由此可以看出，不同的评价主体对 IT 外包会有不同的评价标准，从而产生不同的评价结果，而在不同的时间阶段，外包客户组织的偏好会发生变化，导致其 IT 外包需求产生动态的变化过程，并进一步影响外包评价的准则。

本书从 CAS 视角——主体的多层次性对 IT 外包绩效评价的多主体进行分析如下。从 CAS 理论视角分析，IT 外包决策主体具有多层次性，可以将外包绩效评价分为宏观和微观两个层面。

微观层面是指主动或被动参与到 IT 外包中的 Agent。其中主动参与 Agent 由外包执行过程中的 IT 咨询专家、IT 主管、IT 员工等 IT 类主体，对于 IT 外包决策具有直接影响，这些主体可以直接影响外包绩效评价用 DDA（direct decision agent）来描述；被动参与 Agent 是指外包执行过程中接受外包服务的，包括企业内部员工、企业最终用户、利益相关者等，这些主体具有间接影响评价的作用，以 IDDA（indirect decision agent）来表示。微观层面的外包绩效评价相互作用并最终形成了企业层面的外包绩效评价，导致了下一步外包行为的递进和发展。宏观层面则是指企业最终的外包决策行为表现：修改外包合同、继续合作、更换外包商、收回企业内部等。

# 第四节　本章小结

本章主要对 IT 外包决策的实施与评价进行了分析和阐述。从现代 IT 外包发展的理论和实践出发，总结提出了两类 IT 外包实施方案：替代型 IT 外包和放弃型 IT 外包，阐述了企业选择替代型和放弃型 IT 外包的主要原因和企业 IT 背景对实施方案的选择影响。综合已有文献研究和多家企业的访谈结果,分析认为在 IT 外包执行过程中,对于外包双方组织而言,组织间关系管理、企业 IT 能力、知识共享与传递、双重技能人才成为影响外包顺利实施的共同因素。此外,对 IT 外包绩效评价过程中存在的多主体进行了分析。

# 第七章 企业 IT 外包决策过程仿真研究

IT 外包决策过程具有多阶段性、多层次性和复杂动态性。从企业外包采纳决策、进行外包设计到外包实施、外包绩效评价，决策主体不断地与外包决策环境产生交互作用，从而产生了不断递进的外包决策行为。本章在前文研究结果的基础上，基于 CAS 理论多主体建模思想，将 CAS 理论中的"刺激—反应"模型应用到 IT 外包决策过程的研究中，构建 IT 外包决策仿真模型，应用仿真平台 Repast 进行了计算机模拟仿真，并对仿真结果进行了深入分析。

## 第一节 基于 CAS 理论的多 Agent 仿真框架

### 一、多主体建模与仿真方法

基于多主体的建模与仿真方法（multi-agent based modeling）是在 CAS 理论指导下，结合自动机网络模型和计算机仿真技术来研究复杂系统的一种有效方法（许国志，2000；陈禹，2003）。这种方法是利用 Agent 的局部连接规则、函数和局部细节模型建立复杂系统的整体模型，借助计算机仿真工具和软件（如 Repast、Swarm 平台）来研究从小规模性质到大规模系统涌现行为的一般方法（戴金海等，2003；王红卫，2002）。这种方法通过在局部细节模型与全局表现（整体行为，凸显现象）间的循环反馈和校正，来研究局部细节变化如何凸显复杂的全局行为。这是一种从底层而上的建模思想，与传统的、自顶而下的建模思想是不相同的。

基于多主体的建模与仿真方法具有以下四个特点（方美琪和张树人，2005）。

（1）主体是自主行为的主体。每个活动主体自主地依据自己的目标和对环境的感知行动，每个主体有自己的特征值、目标和行为依据；这点与人很相似，因此很方便地用于经济、社会、生态、信息系统等社会—技术复杂系统等研究中去。

（2）在模型中，主体与环境（包括主体之间）的相互影响、相互作用，是系统演变和进化的主要动力。传统的一些建模方法往往把个体本身的内部属性放在主要位置，而没有对主体间、主体与环境间的相互作用给予足够重视。

（3）这种建模方法不像其他方法那样，把宏观和微观截然分开，而是把它们有机地联系起来。多主体建模过程是"自底而上"的，反映了复杂系统的典型特点：主体间的相互作用与交互是局域的、分散的，每个主体的行动都与其他一些主体的行动相关；对于整个系统来说，宏观上的表现是由这些主体共同产生的，在系统中没有集中的控制者，通过主体和环境的相互作用，使得个体的变化成为系统整体演变的基础。

（4）多主体建模中对主体特性和主体的行为引进了随机因素的作用，从而具有了更强的表达描述能力。

## 二、多 Agent 仿真模拟平台——Repast 简介

随着系统复杂性研究在各门具体学科中的广泛应用，多主体建模方法和工具得到了长足的发展，一些专门的多主体建模工具被开发出来，如 Swarm、Repast、Startlogo、Netlogo 等。这些仿真工具的发展大大便利了复杂适应系统的多主体建模研究。Repast 是近几年发展迅速并得到广泛应用的一种仿真平台。

1.Repast 应用及发展

Repast（Recursive Porous Agent Simulation Toolkit）是一种在 Java 语言环境下，设计生成基于 Agent 的计算机模拟软件构架。Repast 是由芝加哥大学的社会科学计算研究中心开发研制的，现在由非营利组织机构 ROAD（Repast Organization for Architecture and Development）来维护。它是一个免费的仿真平台，可以在其官方网站上下载到它的可执行程序与源码。

Repast S 是 ROAD 于 2007 年 11 月最新推出的可视化多主体建模平台，应用动态开发语言 Groovy，将 Agent 的行为、任务等集成到一个可视化编辑框架内，建模者可以很方便地对主体的各种行为进行可视化编辑，构建主体行为的各种逻辑关系，为建模者提供了更为方便的建模结构和实现框架（North M.J., 2007）。如图 7.1 所示为 Repast S 的建模界面，本书正是基于 Repast S 这一平台对 IT 外包决策进行模拟仿真研究。

Repast 的设计目标是为建模者提供一个易于使用、易于扩展且功能强大的仿真工具包。它提供了一系列生成、运行主体，显示和收集其数据的类库，能够以图表的形式显示运行中的模型数据，对运行中的模型进行"快照"及生成模型运行的影像资料（郝成民等，2007；赵剑冬等，2007）。

Repast 借鉴了 Swarm 模拟工具集中设计结构和方法，因此被认为是一个"类Swarm"的模拟软件构架。Swarm 起源于著名的美国圣塔菲研究所（Santa Fe Institute，SFI），是一组由 Objective C 语言写成的类库，也有用于 Java 语言的编程接口，是应用最为广泛的 MABS 平台。Robert Tobias and Carole Hofmann（2004）对包括 Reapst 和 Swarm 等在内多 Agent 仿真平台的应用情况进行了比较分析，结果表明 Repast 在几乎所有的评分项目上，如文档、建模仿真能力、易用性等都位居第一，其综合得分也最高。与 Swarm 等其他仿真平台相比，Reapst 凭借其独特的特点和优势，在各个领域得到了广泛的应用。

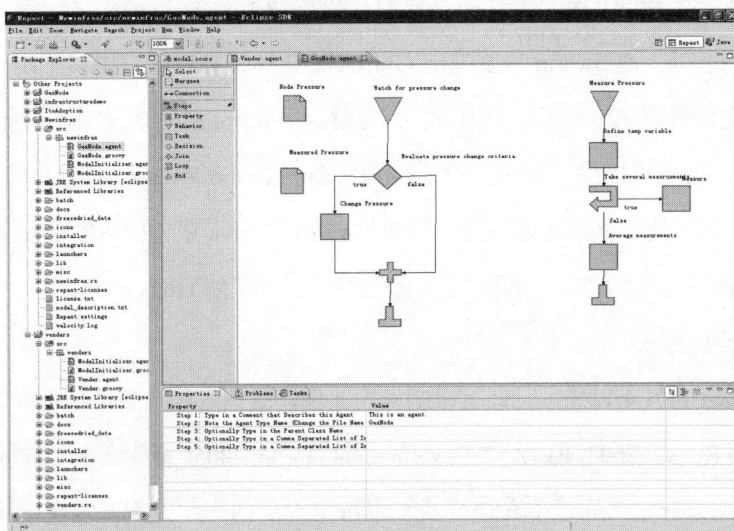

**图 7.1 Repast S 可视化建模界面**

（1）Repast 的优势。

① 功能更强大：两者的功能都很强大，但 Repast 在网络结构生成、Agent 的空间关系管理方面更为出色。这使 Repast 更适于复杂社会网络、商业网点选择等网状结构系统的仿真。在仿真数据的可视化表现上，Repast 也更具优势，其生成的各种图表清晰、美观。

② 易用性更好：借助于 Java 语言的跨平台特性，Repast 在多个操作系统上的安装、使用都很容易。而 Swarm 的运行环境则比较复杂，在 Swarm 在线支持上有相当多的使用者询问与软件的安装、操作相关的问题。就目前国内高校、科研机构的计算机应用环境来说，Windows 操作系统更为普及。而 Swarm 把 UNIX 操作系统作为主要的运行平台，在 Windows 操作系统上还需要 Cygwin（一种在 Windows 操作系统中仿真 UNIX 环境的工具软件）的支持，这使得非计算机专业人员甚至对 UNIX 操作不熟悉的计算机专业人员都难以使用。

③ 良好的语言基础：Repast 以 Java 作为其实现语言及仿真模型的编程语言，因此仿真模型的实现人员有丰富的编程资源可供参考。而且 Java 语言具有功能

强大的支持类库（JDK、丰富的开放源代码资源），为 Repast 进一步发展提供了良好的基础。而 Swarm 语言基础 Objective C 在计算机语言中属于小语种，其用户及文档资料都非常少，在国内尤其如此。Swarm 虽然通过 JNI（Java Native Interface）技术也提供了 Java 版本的 API（Application Programming Interface），但环境配置比使用 Repast 要复杂。而且 Swarm 中 Java 版本的 API 只是 Objective C 版本 API 的一个子集，当需要深入编程时仍需要了解 Objective C。

(2) 应用领域。

Repast 自发布以来，已经有很多应用实例，这些应用大致可以分为以下四类（Evelyn Brown, 2003; REPAST Development Group, 2005; 姜昌华等，2006）。

① 理论研究：通过仿真观察系统中特定现象的产生过程，发现、验证 CAS 的一般规律。例如，用 Repast 实现 CAS 理论中的著名模型 ECHO；通过多 Agent 仿真研究来研究博弈理论，如囚徒困境问题等。

② 社会系统仿真：包括研究 Agent 之间、Agent 与其所处环境之间的相互作用；具有不同目标、利益的多个 Agent 如何才能实现合作行为等。其中的 Agent 可以是个人，也可以是某个组织，如城市交通系统仿真（赵凛和张星臣，2006、2007）。

③ 经济系统仿真：在基于 Agent 的计算经济学（Agent-based Computational Economics ACE）这一新兴的经济学分支领域，Repast 被用于经济模型的实现与仿真，如商业网络仿真、供应链仿真、第三方物流库存决策仿真（倪跃等，2007）等。

④ 综合应用：美国 Argonne 国家实验室对 Repast 进行了扩展，使其支持 GIS、分布式仿真等功能并在此基础上开发了一些大型的复杂适应系统仿真（complex adaptive system simulation, CASS）。例如，美国电力市场仿真等。

**2.Repast 仿真平台运行原理**

Repast 实质上是一个类库，提供了用于 Agent 仿真建模的各种基类。建模者可以通过直接使用这些类或从这些类继承子类来构造自己的模型。

（1）Repast 主要的类库。

① 仿真调度类。Repast 的仿真调度策略是时间步长法与事件步长法相结合。在 Repast 中，每个时间步称为一个"Tick"。事件是用 Basic Action 类来描述的，用户需要从 Basic Action 类继承生成自己的事件。在每个时间步可以执行多个 Basic Action，而每个 Basic Action 可以持续多个"Tick"步。所有的事件执行都是通过时间表（schedule）来调度执行的。

② Agent 类及空间类。在 Repast 中，没有提供明确的 Agent 类，用户可以从 Object 类来生成自己的 Agent 类，定义其属性和行为。Repast 主要提供了两种空间对象：网格空间（grid space）和网络空间（network space）。当研究多个 Agent 在一定空间内的活动时可使用网格空间，网格空间被划分成许多元胞（cell），其中每个元胞（cell）可以同时容纳一个或多个 Agent，按照一定的规则，网格的状态不断发生改变。Repast 的网格空间对元胞自动机理论进行了很好的支持，利用 Repast 提供的类库可以很方便地得到某个元胞内的 Agent 及该 Agent 的相关属性。当研究多个 Agent 之间的关系及这种关系的演化时可使用网络空间，其中网络的节点（node）代表一种 Agent，边（edge）代表了 Agent 之间的关系。利用 Repast 可以方便地生成不同密度的网络及各种常用的网络参数计算，如节点的出度、入度、流量等。

③ 输入、输出类。Repast 提供了两种仿真程序运行的方式：批处理（Batch – run）运行和非批处理（Non – batch）运行两种方式。在 Batch - run 方式下，运行过程中不需要人的交互，程序读入特定格式的参数文件然后运行产生结果。在 Non – batch 方式（也称图形交互方式）下，运行过程中需要人的交互，一般是通过图形界面修改运行过程中的一些参数。

（2）Repast 建模与仿真实现基本流程。

Repast 平台运行仿真程序的流程如图 7.2 所示。第一步是定义各种类型对象的属性和状态，包括 Agent 个体或组织的表示及 Agent 所使用的表示不活动特点的对象，如食物或障碍物。第二步是定义对象所处的环境，如果所处环境是一个坐标空间，每一个对象就有对应的坐标。或者还有其他情况，如所有的 Agent 通过朋友或买卖关系形成的网状连接环境。第三步是定义 Agent 的移动规则和博弈规则，也就是 Agent 在环境中如何进行移动，与其他 Agent 如何进行交互。最后一步是程序用户界面的设计。用户界面包括控制面板上的按键、滑动条、开关等组件，参数输入的刻度盘及仿真过程和输出结果的图形显示。

按照仿真流程可以利用 Repast 进行建模：

① 抽象出研究系统中的 Agent，并分析 Agent 之间的关系；

② 利用 Repast 平台选择合适的仿真程序调度类来控制程序的总体执行；

③ 在 Repast 平台上实现系统所包含的 Agent，定义其属性和行为；

④ 在 Repast 平台上选择合适的空间类来描述 Agent 之间的关系；

⑤ 在 Repast 平台中选择合适的输入、输出类，来设置仿真的参数及收集数据；

⑥ 运行仿真程序，根据仿真结果进行分析，得出所研究系统的特征和研究结论。

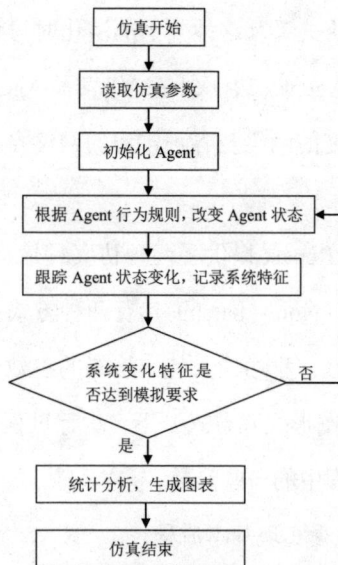

图 7.2  Repast 平台仿真流程

# 第二节 企业 IT 外包决策多主体建模与仿真步骤

企业 IT 外包决策过程的多主体建模与仿真首先是建立 IT 外包决策原型系统的形式化描述模型，进而变换成计算机的可执行映像，通过计算机环境下的可重复的受控模型实验，来了解原型系统的行为特征。基于上述思想对 IT 外包决策仿真（IT outsourcing decision Simulation，ITODS）进行了形式化表达：

ITODS =（Cs，Resolution，EchoModel，#EchoModel，Env，Modeling，Mapping，Run），式中符号说明如下：

ITODS：IT 外包决策仿真；

Cs：原型 IT 外包决策系统；

Resolution：原型 IT 外包决策系统的解空间；

EchoModel：原型 IT 外包决策系统的形式化描述模型——刺激—反应模型；

#EchoModel：EchoModel 的计算机可执行映像，亦称运行模型；

Env：计算机仿真环境，具有 #EchoModel 的生成能力和仿真运行的人机交互与控制能力；

Modeling：Cs → EchoModel，原型系统到形式化描述模型的映射；

Mapping：EchoModel →#EchoModel，由描述模型到运行模型的映射；

Run：#EchoModel → Resolution ，由运行模型到解空间的映射，即在 Env 支持下的可重复的受控模型实验过程。包括产生 #EchoModel 的解，再把此解推断到 Cs 的解空间 Resolution 中去，这两个步骤，即 Run（#EchoModel）⊆ Resolution 。

基于上述多主体的建模与仿真思路，融合 Brenner（2001）、Herbert Gintis（2004）、廖守亿等（2004），戴金海（2003）、方美琪等（2005）的研究成果，本书提出了以下 IT 外包决策的建模与仿真的主要步骤，如图7.3所示。

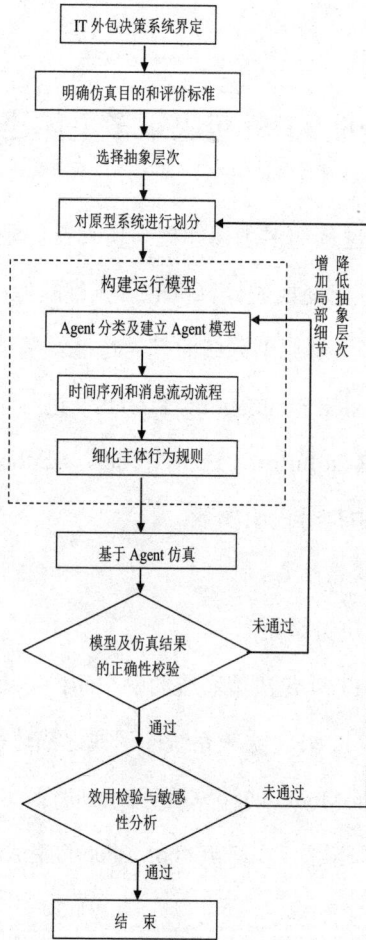

**图 7.3　基于多主体的 IT 外包决策建模与仿真的步骤**

（1）IT 外包决策系统界定（原型系统问题确定）。在对 IT 外包决策系统进行建模仿真之前，要对系统进行详细定义。对 IT 外包决策系统的边界／范围进行界定，确认哪些实体属于所要研究的系统，哪些属于系统的环境。对系统进行明确的定义确认是对系统进行仿真的第一步。

（2）明确仿真目的和评价标准（解空间的识别）。定义或规定对具体 IT 外包决策问题的建模与仿真的目的，希望达到的效果，在对仿真目的进行定义的同时，可以制定出对仿真结果的评价标准。仿真目的和评价标准的制定，对于仿真模型的建立和采用的仿真方式，将有重要的指导意义，并将规范 IT 外包决策建模的全过程。

（3）选择抽象层次（仿真问题的形式化描述）。由于 IT 外包决策具有多层次和复杂的关联性的系统结构。在进行 IT 外包决策建模时，不可能，也不必要考虑所有的个体或外界因素，需要根据 IT 外包决策的问题界定，特别是仿真的目的，确定在对 IT 外包决策问题进行建模时的抽象层次，去除对系统仿真没有贡献的无关因素，提高仿真的效率和可信度。

（4）构建运行模型。在对 IT 外包决策问题进行界定，确认了仿真的目的和评价标准，并且建立了 IT 外包决策建模的抽象层次后，需要根据计算机仿真的特点，建立 IT 外包决策的运行模型。建立运行模型包括确定 IT 外包决策问题的主体、确定主体间的交互关系、运行的时间序列、消息流动流程与细化主体行为规则等。

（5）在计算机上编程运行。将建立的 IT 外包决策系统运行模型，通过编写计算机程序，借助复杂适应系统理论的计算机仿真软件，在计算机上执行。

（6）结果收集 / 评价。在计算机上运行的 IT 外包决策模型的结果进行收集和整理，并且按照已经制定的 IT 外包决策仿真评价标准，对仿真结果进行评价；同时进行正确性校验、效用检验（检验模型的行为是否与其模拟的原型系统之间具备一致性）及敏感性分析（确定当模型的一些初始条件参数发生细微变化时，输出对参数的敏感性）。通过校验即可结束仿真实验，否则进行模型修正。

（7）模型修正。在对仿真结果进行评价的基础上，对模型的不足之处进行修正，更改模型的运行参数，获得对 IT 外包决策过程仿真的更多结果数据。

# 第三节　IT 外包采纳决策触发机制模拟

## 一、IT 外包采纳决策触发机制仿真设计

由第四章实证分析研究结果可知，在 IT 外包发起阶段，有效识别 IT 缺口是

企业外包的关键驱动，而相关的 IT 应用战略地位、资产专用性和不确定性成为影响企业 IT 缺口的重要因素。结合应用 CAS 理论中的"刺激—反应"模型，本书构建出企业 IT 外包采纳决策触发机制模型，如图 7.4 所示。

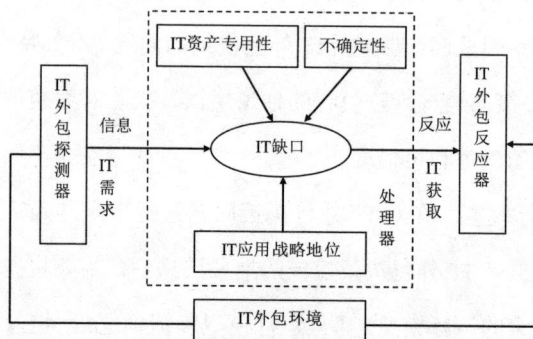

**图 7.4  企业 IT 外包采纳决策触发机制模型**

本书在第三章第四节分析认为，IT 外包决策主体由外包决策执行系统、决策信用分派和外包规则发现三部分组成，其中 IT 外包探测器、处理器和反应器共同构成了 IT 外包决策主体的执行系统，IT 外包探测器通过与 IT 外包环境产生的相互作用，感知决策主体的 IT 缺口状态，即 IT 需求和现有 IT 供应之间的不匹配程度，同时将相关的 IT 应用战略地位、资产专用性和不确性等信息一并收集并传递给处理器，处理器根据已有的决策规则做出反应，并由 IT 外包反应器反馈至外包环境，此时外包环境会由于决策主体做出的反应行为进行更新，如此往复，决策主体不断与环境产生互动，直到 IT 缺口所产生的"刺激"达到某种程度后，即触发决策主体做出采纳外包决策行为。根据上述分析，我们建立以下仿真模型。

**1. 仿真模型的主体属性及行为设计**

在 IT 外包决策系统中，随机分布着具有一定外包意图的企业，将其视为 IT 外包决策主体，用 DA 表示，并同时随机分布决策主体所处的行业 IT 关联程度（SI）、信息化发展阶段（IA）、现有 IT 资源（SR），设定企业所处行业类型不发生变化，即 SI 值保持不变。

IT 外包决策主体属性与行为描述如下：

DA= {SI, IA, SR}

其中：SI={1，2，3}，分别表示行业的 IT 关联程度为一般关联、中度关联和高度相关。

IA={a1, a2, a3}， a1=IT 基础设施建设阶段，a2=IT 与业务融合阶段，a3=IT 战略驱动阶段，DA 这一属性 IA 值有 a1 → a2 → a3 的发展趋势。

SR 的初始值随机分布，其变化速率用 $R_a$ 表示，其值服从正态分布。

$$SR_{t+1} = f(SR_t + R_a); R_a = N(\mu, \sigma^2) \tag{7.1}$$

$\mu$ 是根据 SI 和 IA 共同决定的 $SR$ 变化经验值，即 $R_a$ 变化速率均值。

设定决策主体所处的 IT 外包环境为 ITO Environment。ITO Environment 是对外包市场、行业竞争压力等决策主体所处内外部环境进行统一考虑的一个抽象变量，那么 ITO Environment 要求决策主体满足当前企业战略发展所需的 IT 资源为 DR，即表示 DA 在当前环境下应具备的适合 IT 资源。

DR 初始值根据 DA 不同的 SI 和 IA 分别进行设定，即 DR 初始值设定为一个 2 维 3X3 矩阵，设定 DA 值依据式 7.2 随着仿真时钟的推移进行变化。

$$DR_{t+1} = DR_t \otimes (1 + f_t coef.) \quad f_t coef. = \sum_{i=1}^{n} f_t \{y_i w_i\} \tag{7.2}$$

其中 $y_i$ 表示 IT 外包环境对 DA 的评价因子，$\omega$ 为 $y_i$ 的模糊评价权重。随着仿真时钟的推移，DR 根据当前 $t$ 时刻 $DR$ 值，按照各评价因子及其权重进行综合判断，得到一个模糊评价系数 fuzzy coef.，进而得到（$t+1$）时刻的 $DR$ 值，并以此往复迭代。

$ITgap = SR_t - DR_t$，ITgap 表示 DA 在 $t$ 时刻的 IT 缺口值。

外包决策规则集用 ORS 表示，用一组 IF…THEN 来表示。

$$ORS = \begin{cases} IF\,(00...) & THEN(00000) \\ IF\,(01...) & THEN(00010) \\ IF\,(10...) & THEN(00011) \\ \vdots & \vdots \\ \vdots & \vdots \end{cases} \quad\quad (7.3)$$

ORS 是基于 DA 已有历史经验建立的决策规则，根据外包环境不断更新该决策规则集合。每一个决策规则具有一个规则适应度 Ofitness {Of1, Of2, Of3,...}，在选择决策规则时，要求 DA 选择其中规则适应度高的外包规则 $ORS \to MaxOf_i$。

外包决策规则集 ORS 设定：考虑所处行业类型和信息化发展阶段，决策主体可能处的状态有 9 种，根据历史决策经验赋予每一种状态对应的外包决策规则，同时决策主体的信息化发展阶段按照 a1 → a2 → a3 趋势发展。

### 2. 仿真流程

通过上述主体属性和行为设计，按照如图 7.5 所示的仿真流程进行试验模拟。

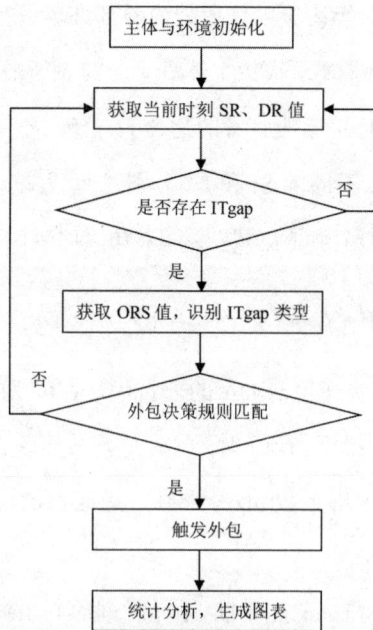

**图 7.5　IT 外包决策触发机制仿真流程图**

仿真步骤说明：

（1）随机分布主体，并初始化主体和环境变量。

（2）获取 DA 在当前 $t$ 时刻的现有 IT 资源 SR 值、IT 外包环境反馈给 DA 的适当 $DR$ 值。

（3）比较当前 $t$ 时刻的 SR 值和 DR 值，判断是否存在 ITgap。当 SR < DR，则表明 DA 处于 ITgap 状态；否则返回前一步重新获取（$t+1$）时刻的 SR 和 DR 值。SR 和 DR 分别按照上述式（7.1）、式（7.2）进行变化。

（4）当 DA 处于 ITgap 状态时，进入外包决策规则库，根据 DA 的分布 SI 值和当前的 IA 值，确定 DA 所处的状态类型，选择对应的外包决策规则进行匹配。

（5）当 DA 在 $t$ 时刻的 ITgap 满足外包决策规则的匹配条件，则触发 DA 外包行为，进入采纳外包决策状态；否则返回到（2）重新获取新的（$t+1$）时刻 $SR$ 值和 DR 值，继续上述循环过程，如此往复。

## 二、仿真结果及数据分析

按照图 7.5 仿真流程图，本书基于 Repast 平台，应用 Java 语言对企业 IT 外包采纳决策的触发机制进行了模拟试验研究。按照不同的行业类型和信息化发展阶段，DA 共有九种状态，考虑到模拟输出的可观察性，本书在模拟试验中将决策主体按照行业关联程度类型进行了对比模拟，目的是观察在同一行业类型下，主体所处的信息化发展阶段不同，主体外包的触发仿真时刻和触发频率。

由于 Repast 具有良好的数据读取和输出模拟框架，因此仿真程序中主要对 DA 属性和行为进行了 Java 程序设计。基于模拟试验目标，主要构建了三个 Agent，分别为 client，oenvirnment，consul。其中 client 是用来计算和获取当前 $t$ 时刻的 SR 值，并通过判断 DA 的 IA 值，进一步确定（$t+1$）时刻的 SR 值。oenvirnment 是用来计算和获取当前的 DR 值，并通过判断 DA 的 IA 值，进一步确定（$t+1$）时刻的 DR 值。consul 是从 client、oenvirnment 中调用当前 $t$ 时刻

SR、DR 值，进行比较判断当前 $t$ 时刻的 ITgap 值，然后将 $t$ 时刻的 *ITgap* 值返回至 client 中。根据 DA 当前的 IA 值，将 ITgap 值与所对应的 ORS 进行匹配判断，如果满足现有规则，则触发外包，否则继续下一轮循环——更新 SR、DR、ITgap 值。

　　设定 DA 属性 SI=3，其他 IA、SR 属性值随机分布，考察决策主体处于行业 IT 关联高度相关的外包触发行为，设定模拟环境中随机分布 15 个企业决策主体，初始化参数 DR、IA、SR，运行模拟程序开始仿真，并得到 15 个随机分布的 DA，其 SI=3 的试验结果如图 7.6 所示。按照上述仿真过程分别可以得到 DA（SI=2），DA（SI=1）的仿真结果，如图 7.7、图 7.8 所示。

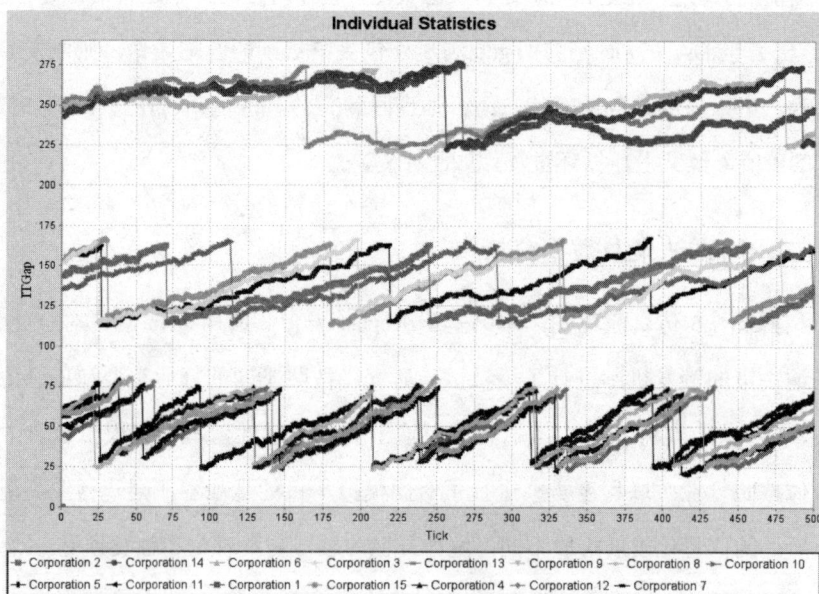

图 7.6　行业的 IT 关联程度为高度相关时决策主体外包触发仿真结果

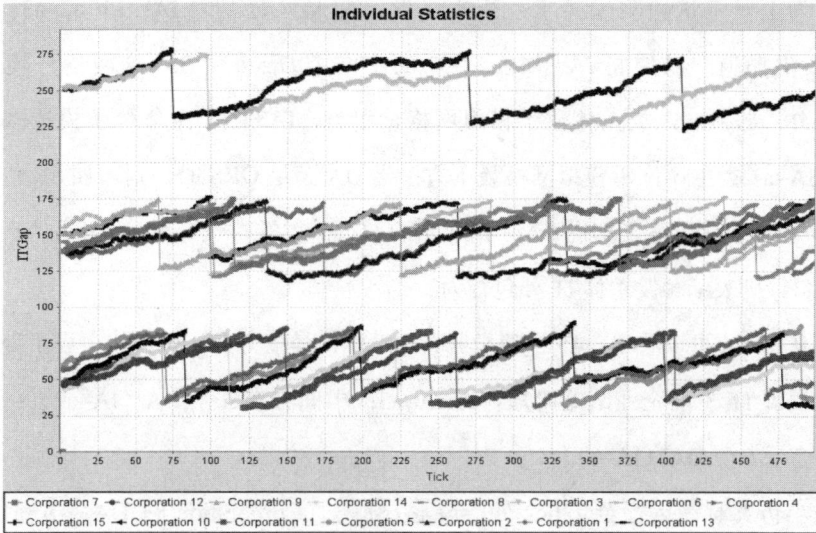

**图 7.7　行业的 IT 关联程度为中度相关时决策主体外包触发仿真结果**

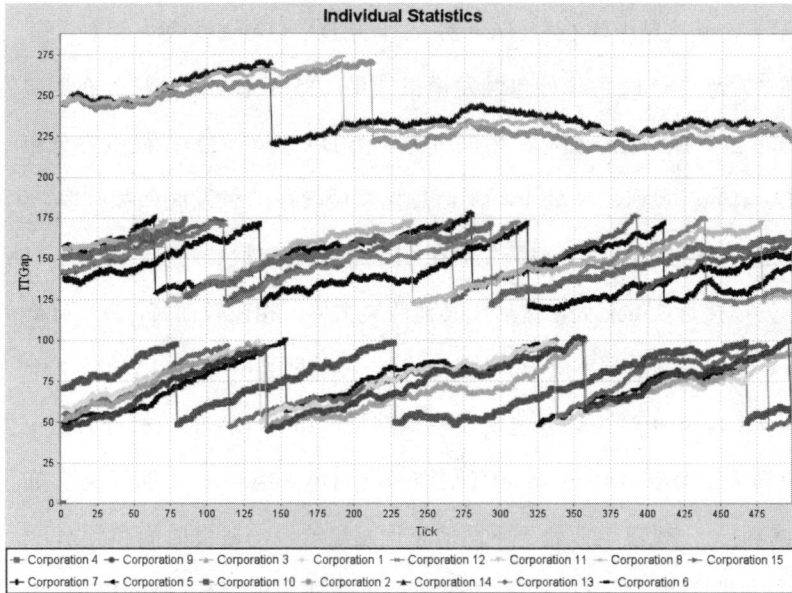

**图 7.8　行业的 IT 关联程度为一般相关时决策主体外包触发仿真结果**

为了模拟试验观察需求，初始化设定 SI 值，分别对 IA={a1, a2, a3} 设定 *ITgap* 附加值，以便将 IA={a1, a2, a3} 的不同类 *ITgap* 值在 2 维网格环境下进行区分，即 IA=a3 类主体位于模拟网格最上方，IA=a2 类主体位于模拟网格中间，IA=a1 类主体位于模拟网格最下方；当 DA 满足 ORS 时，则增加 SR 值，即 ITgap 值会发生突变，即图 7.6 中所显示的 ITgap 值在某一点有一个显著的直线下降趋势，则表示触发主体 IT 外包行为。

从图 7.6 可以看出，15 个随机分布 DA 中，最上方有 4 条曲线，表示处于信息化发展 IT 驱动企业战略阶段，即 IA=a3；中间分布 5 个 DA（IA=a2）；最下方分布了 6 个 DA（IA=a1）。

当仿真时钟运行至 23tick 处，最下方 8 号（Corporation 8）DA（IA=a1）中最先触发外包，中间 3 号（Corporation 3）DA（IA=a2）紧随其后，而位于最上方的 DA（IA=a3）162tick 处才触发外包。其中触发频率较高的是位于下方的 DA（IA=a1），其次是中间 DA（IA=a2），上方 DA（IA=a3）触发相对缓慢。

图 7.7 为 SI=2 时主体外包触发模拟结果，15 个 DA 的随机分布情况为：最上方分布 2 个 DA（IA=a3）；中间分布 7 个 DA（IA=a2）；最下方分布了 6 个 DA（IA=a1）。观察主体处于不同信息化发展阶段的触发时间和频率，9 号 DA（IA=a2）和 5 号 DA（IA=a1）先后在 61tick、63tick 触发外包，而 DA（IA=a3）最早触发在接近 75tick 处，落后于其他两类主体。相比较而言，DA（IA=a2）和 DA（IA=a1）的触发频率快于 DA（IA=a3），前两类中 DA（IA=a1）稍快。

图 7.8 为 SI=1 时主体外包触发模拟结果，15 个 DA 的随机分布情况为：最上方分布 3 个 DA（IA=a3）；中间分布 6 个 DA（IA=a2）；最下方分布了 6 个 DA（IA=a1）。观察主体处于不同信息化发展阶段的触发时间和频率，5 号 DA（IA=a2）最早触发在仿真时钟 65tick 处，处于下方的 DA（IA=a1）中 10 号在同类中最先触发，DA（IA=a3）中 14 号主体先触发，但已经明显落后于其他两类主体的触发时间，DA（IA=a2）的触发频率快于其他两类主体。

由上述仿真结果图可以看出，决策主体所处行业的 IT 关联程度和信息化发展阶段，影响着决策主体的 ITgap 变化，使得决策主体触发 IT 外包具有显著差异。从行业类型比较来看，行业与 IT 高度相关的主体触发外包的仿真时刻要明显早于其他两类行业主体，这一模拟结果与 IT 外包的现实情况基本吻合。在目前的 IT 外包市场中，对于 IT 服务市场反应灵敏的企业大多属于与 IT 关联程度较高的企业，如通信业、金融业、航空业等。

从信息化发展阶段来看，同一行业类型的决策主体处于不同信息化发展阶段的外包触发情况比较分析，行业与 IT 高度相关决策主体在信息化发展的 IT 基础设施建设阶段触发最早，表现明显；行业与 IT 一般相关的决策主体在信息化发展 IT 与业务不断融合阶段触发最早；而行业与 IT 中度相关的决策主体在信息化发展前两个阶段触发没有显著差异。

仿真结果表明，决策主体的 IT 发展背景和企业固有的行业特征，即 IT 外包决策系统的初始条件，赋予决策主体不同的 IT 缺口特征和类型，从而使得决策主体产生了不同的外包触发表现，那么上述仿真触发结果也为我们进一步分析 IT 外包决策的路径依赖性提供了有力的试验数据支持。

同时需要说明的是，本书的 IT 外包触发仿真试验仅仅是对 IT 外包发起阶段的采纳决策行为进行模拟分析，并没有涉及主体下一阶段的外包决策行为。

## 第四节 IT 外包商选择及其外包绩效评价模拟

### 一、IT 外包商选择及其外包绩效评价仿真设计

当决策主体在 S1 阶段（IT 外包发起阶段）完成触发 IT 外包行为后，则进入 S2 阶段（IT 外包设计阶段），在 S2 阶段决策主体的决策任务是确定外包的核心构成要素，主要包括确定外包范围和选择外包商及完成外包合同的签订，并由此

形成最后的 IT 外包配置组合结构。S2 阶段决策主体可以分为两个层面，一个是担当"信息处理"任务的决策参与者，用 DAinfor 表示，另一个是"最终拍板"决策者用 DAfinal 表示。"信息处理"决策主体 DAinfor 负责情报收集、外包市场调查、分析和参谋等，并将信息处理结果传递给 DAfinal，那么对外包商的最后选择行为是由这两个决策主体交互影响后完成的。

DAinfor 在进行外包市场中相关外包商信息的收集、整理和分析判断的过程中，对于相关外包商信息的判断和分析，受到 Agent 本身存在的有限理性、认知偏好等影响，那么最后形成的外包商信息集合则势必为不完备信息。DAinfor 将这一不完备的决策信息集合传递给 DAfinal，那么 DAfinal 会进一步对 DAinfor 的决策信息集合进行评估，而 DAfinal 也存在着某种认知偏好和有限理性，DAinfor 和 DAfinal 相互影响后，最后形成外包商选择的显著决策信息集合。

根据本书第五章的相关分析，可以设定在 DAinfor 收集、整理和分析形成初步对策信息集合的过程中，已经存在的合作关系的相关外包商信息、具有一定外包声望的外包商信息、外包商的服务能力和服务成本影响着其对外包商信息的搜集整理过程。而对于 DAfinal 而言，同样存在着一定的影响因素，根据不同的 IT 外包目标和 IT 外包范围，DAfinal 的 IT 外包商评价准则不同。由于 DAinfor 和 DAfinal 各自不同的决策信息和评价标准及相互的作用关系，最后涌现出不同的外包商选择行为，并逐渐形成了不同的外包网络关系。

当决策主体选定预期的外包商后，就进入 S3 阶段（IT 外包实施阶段）和 S4 阶段（IT 外包绩效评价阶段）。在 S3 阶段，决策主体不断与外包商发生相互作用关系，即不断对外包商的外包执行过程进行外包服务质量和外包满意度的评价。本书在第六章第三节提出，存在着两类评价主体，直接评价主体 DDA 和间接评价主体 IDDA，综合 DDA 和 IDDA 的评价形成对外包商的最终评价，并将这一结果反馈至决策主体的外包商评估规则集中。

综合上述分析，本书构建如下 IT 外包商选择与评价仿真模型。

1. 仿真模型的主体属性及行为设计

假定在 IT 外包决策系统中，随机分布着一定数量的外包客户企业和外包商企业，分别用 ClientAgent 和 VendorAgent 来表示，ClientAgent 和 VendorAgent 之间有无合作关系用 Co 来表示。Co=1，则表示有过合作关系，Co=0 表示没有合作关系，Co 初始值随机分布。仿真模型中设定 ClientAgent 准备将一项 IT 活动外包给 VendorAgent，主要目的是观察已有合作关系对于 ClientAgent 选择 VendorAgent 的影响，以及随着外包活动的发展，ClientAgent 对 VendorAgent 的外包评估规则变化和外包信用分派的调整过程。本书将这一外包信用分派用外包商适合度 Vfitness 来表示。

主体的属性设定如下：

ClientAgent = {DAinfor, DAfinal, Srules, Vrules}

其中，DAinfor 和 DAfinal 是 ClientAgent 低层次的子主体（sub-agent）；

Srules 为搜寻整理和分析外包商的相关信息的行为规则；

Vrules 为综合评估候选外包商的规则集合。

VendorAgent = {Servicecapability, cost, reputation, culture, Co, Coef, Covalue}

其中，Servicecapability, cost, reputation, culture 分别代表外包商的专业服务能力、外包服务成本、外包声望和组织文化匹配，本书在第五章第五节中提出了外包商的评估指标有 5 个，在仿真中选择上述 4 个指标进行综合评估，由于仿真模型中仅考虑一种外包活动的外包商选择，所以可替代性这一指标暂时不予考虑。上述 4 个属性初始值随机分布。

Coef 为外包商合作关系的评估系数，设定 Coef 满足正态分布，$Coef = N(0,1)$。Covalue 为 ClientAgent 对 VendorAgent 的综合评估值。

ClientAgent 中的 DAinfor 根据 Co 值来判断搜寻的顺序，设定 VendorAgent（Co=1）的被搜寻优先权高于 VendorAgent（Co=0），当在 VendorAgent（Co=1）中遍历搜寻形成的候选外包商集合，传递给 DAfinal，DAfinal 依据 Vrules 对候选

外包商进行评估规则匹配，若满足评估规则，则完成外包商选择过程；若不满足，则 DAinfor 在 VendorAgent（Co=0）再次进行遍历搜寻，并形成新的候选外包商集合，传递为 DAfinal 继续进行评估规则匹配过程，完成外包商的选择过程。

VendorAgent 中的 Servicecapability, cost, reputation, culture 初始值随机设定，假定保持不变，并针对 VendorAgent（Co=0,1）两种情况分别赋予不同的评估权重，同时考虑 Coef 对综合评估的影响，那么可以得到 ClientAgent 对 VendorAgent 的综合评估值 Covalue。Covalue 满足式 7.4。

$$Covalue = \sum_{i=1}^{n} \omega_i x_i \bullet (1 + Coef) \tag{7.3}$$

在外包执行过程中，ClientAgent 不断对 VendorAgent 的外包服务质量和满意度进行评价，设定 ClientAgent 的外包绩效评估规则集合为一组 *IF…THEN* 集合，那么当满足外包绩效评估规则的匹配时，则增加 Coef，并进一步更新外包商评估规则集合，继续维持和发展与外包商的合作关系；若不满足外包绩效评估规则，则降低 Coef，并调整外包合同、与外包商的合作关系等。若调整顺利则重新进行评估过程，并进一步更新外包商评估规则集合；若调整不顺利，Coef 低于 ClientAgent 设定的最低值，则终止合作关系。

### 2. 仿真流程

综合上述主体属性及行为设计，本书按照如下仿真流程进行模拟试验，如图 7.9 所示。

仿真步骤说明：

（1）随机分布 ClientAgent 和 VendorAgent，并初始化主体和环境变量。

（2）DAinfor 依据 Srules 来读取当前 $t$ 时刻满足搜寻条件的 VendorAgent 各属性值，获得候选外包商集合。

（3）DAfinal 依据式 7.4 对候选外包商集合 VendorAgent 逐一按照计算出当前 $t$ 时刻每个 VendorAgent 的 *Covalue*。

（4）ClientAgent 依据 Vrules 进行外包商适合度的匹配，满足规则后，则增加 Coef 值，不满足则降低 Coef 值，即 Coef 值要随着仿真时钟推移不断调整。

（5）更新当前 *t* 时刻 VendorAgent（Coef），ClientAgent（Vrules）。

（6）重复上述流程，读取并输出 VendorAgent（Covalue）值，观察其变化。

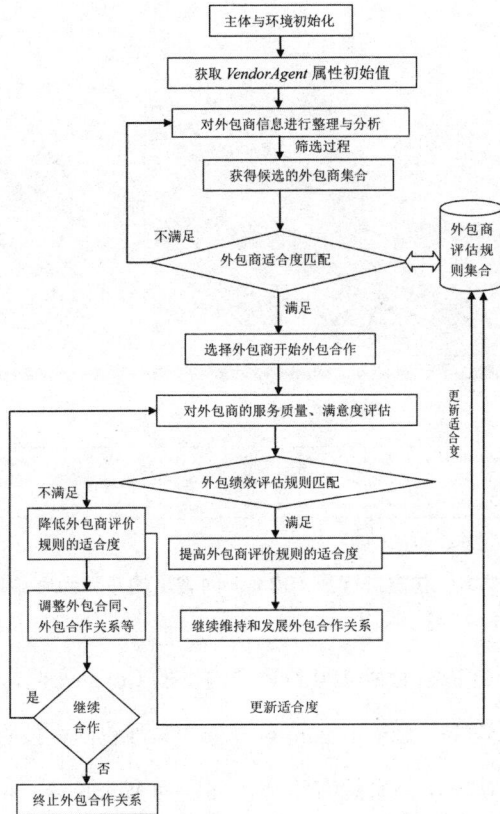

**图 7.9　IT 外包商选择及其外包绩效评价仿真流程**

## 二、仿真结果及数据分析

按照图 7.9 仿真流程图，基于 REPAST 平台，应用 Java 语言对企业 IT 外包商选择及其绩效评估进行了模拟试验研究。模拟试验中随机分布 20 个 VendorAgent 和 3 个 ClientAgent，为了模拟观察的需求，将随机分布的前 10 个

VendorAgent 设定为有过合作关系，Co=1；后 10 个 VendorAgent 设定为没有合作经验，输出仿真结果如图 7.10、图 7.11 和图 7.12 所示。

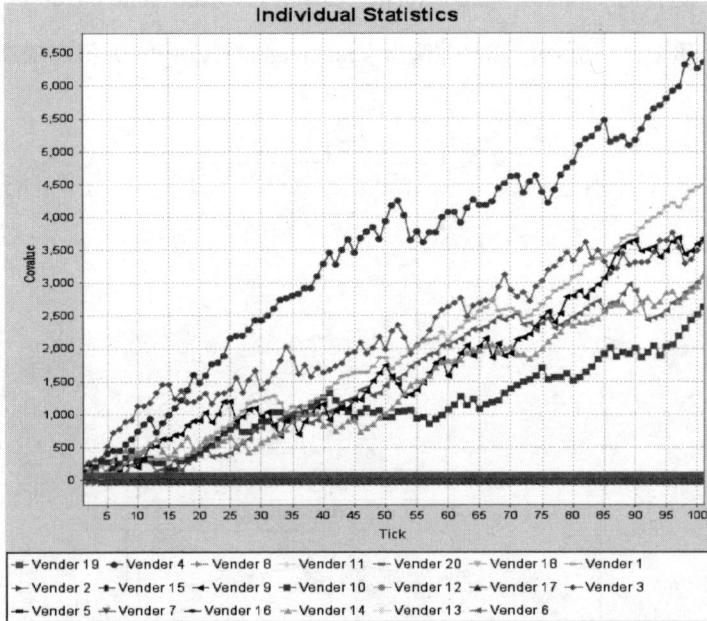

**图 7.10　仿真进行至 100 tick 时输出的 Covalue 结果**

图 7.10 是仿真时钟进行到 100 tick 时输出的 Covalue 值，20 个 VendorAgent 中共有 7 个 Vendor 被 3 个 ClientAgent 选择作为其外包商，按照设定的 Co 值随机分布序号。其中有过合作关系的有 5 个，分别为 Vendor 4，Vendor3，Vendor9，Vendor1，Vendor10；没有合作关系的有两个，Vendor14，Vendor17。其余没有被选中的 Vendor 的 Covalue 值变化不作为模拟观察数据。在这一仿真时段 Vendor 4 的 *Covalue* 值呈现显著的增长趋势，Vendor10 的 *Covalue* 值升降起伏变化最大，其他 5 个 Vendor 的 *Covalue* 值变化不大。

图 7.10 表明被选择的外包商集合中有过合作经验的要高于没有合作经验的，说明 ClientAgent 在搜寻和评估外包商时，有无合作经验影响对候选外包商的初步筛选过程和综合评价值。

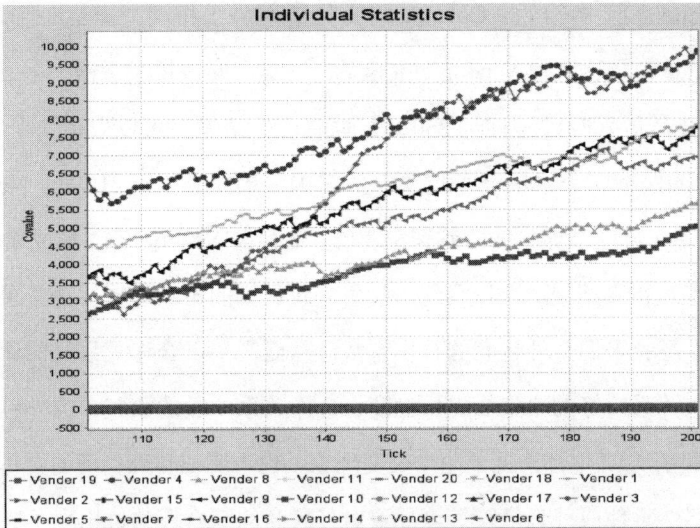

**图 7.11　仿真 100~200 tick 输出的 Covalue 结果**

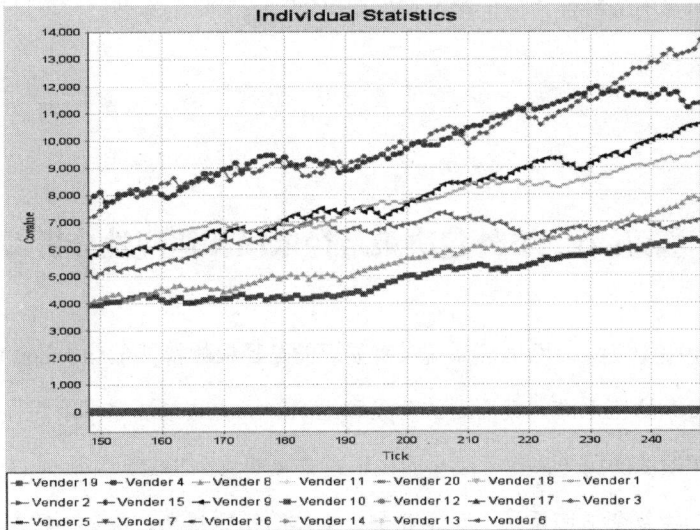

**图 7.12　仿真 150~250 tick 输出的 Covalue 结果**

当仿真时钟进行至 200 tick 时，可以发现 7 个 Vendor 的 *Covalue* 呈现聚集现象，如图 7.11 所示。其中聚集 1：Vendor 4 继续保持显著的增长趋势，Vendor 3 在这一仿真时段 140 tick 处突然出现显著增加，之后与 Vendor 4 保持相同的变化趋势。

聚集 2：Vendor 1，9，17 的 Covalue 值变化基本趋于相同。聚集 3：Vendor10，14 的 Covalue 值相比其他 Vendor 明显落后，在这一时段增长缓慢。

图 7.12 是仿真时钟进行至 250 tick 时的仿真结果，可以发现 7 个 Vendor 的 Covalue 继续保持 3 个聚集分布现象，值得关注的是在 tick 210 处，Vendor17 的 Covalue 突然下降，从聚集 2 落到聚集 3 内，之后与 Vendor10,14 形成新的聚集 3。

通过上述仿真结果，可以发现，随着外包过程的不断发展，决策主体通过前一段的合作经验来调整外包商的合作系数，从而产生了合作关系好的聚集 1 类外包商，合作关系较好的聚集 2 类外包商，合作关系一般的聚集 3 类外包商，那么在图 7.11 和图 7.12 中都出现了两个突变现象，也表明在与外包商的合作过程中存在着一定偶然事件或外包风险等，导致对外包商的综合评估值出现了突然下降。总之，在这一仿真试验中，可以清晰地发现对于外包商的评估对前一时段的历史经验具有明显的依赖性，但也存在着突变现象。基于此，本书进一步讨论 IT 外包决策路径依赖型。

# 第五节　IT 外包决策路径依赖和适应性分析

CAS 理论认为，复杂适应系统具有显著的路径依赖特征（Anderson P.,1999）。企业作为复杂适应系统，其所处的背景和组织的历史共同决定了组织发展的未来属性，组织演变的历史决定了成员的认识模式（刘洪，2002）。那么 IT 外包决策系统作为一类复杂适应系统，对企业决策主体的初始状态、决策环境等系统的初始条件具有很强的依赖性。

通过本书的模拟仿真试验研究，再次验证了 IT 外包决策过程具有明显的路径依赖性。本书将 IT 外包决策过程所具有的路径依赖归纳为两类，一类是历史背景路径依赖，另一类是关系路径依赖。

1.IT 外包决策的历史背景路径依赖

决策主体的历史背景是指企业 IT 发展历史背景和所处行业的 IT 关联程度所构成的企业 IT 外包决策的历史背景。从本书第七章的仿真试验研究结果分析来看，根据决策主体所处行业的 IT 关联程度、信息化发展阶段的不同，决策主体具有九种初始状态，通过仿真数据图可以发现，决策主体的这一初始条件导致其具有不同的外包触发行为，表明决策主体所处的历史背景影响其外包决策行为。本书在第四章的实证分析结果表明，企业所处行业的 IT 关联程度、信息化发展阶段的交互作用对于外包范围的选择也具有显著影响，印证了上述历史背景路径依赖的分析。

此外，企业原有的 IT 功能或 IT 活动在很大程度上对已有的 IT 环境具有较高的依赖程度，也表明企业 IT 应用程度、信息化发展历史和背景将导致企业在 IT 资源和 IT 能力方面具有一定的路径依赖性，从而进一步影响到企业的 IT 外包实施方案选择等。

2.IT 外包决策关系路径依赖

如果把企业信息化发展历史、IT 关联程度等作为决策主体的初始属性，那么决策主体所拥有的与相关 IT 的企业社会网络关系，如已有的 IT 供应商关系、外包商关系等，就是决策主体获取 IT 外包决策信息的主要来源。

本书第五章的研究结果表明，决策主体对 IT 外包市场的熟悉程度、外包商的信赖与观察程度等，影响着决策主体对于 IT 外包范围、外包商的选择模式。因此，关系路径依赖显著影响着 IT 外包决策。

综上分析，由于 IT 外包决策具有一定的路径依赖性，影响着企业是否采纳 IT 外包、选择 IT 外包模式、外包范围、外包商等外包决策行为，也从另一个侧面印证了 IT 外包决策过程中决策主体不断与外包环境发生交互作用，决策主体在不断地调整自身外包决策规则，修改更新外包规则库，使得决策主体的外包行为适应内外部环境的发展需求，即提高决策主体 IT 外包决策的适应性。企业 IT 外包决策的适应性不仅要适应企业的 IT 功能需求，也要适应企业战略和 IT 战略发展需求，还要适应企业信息化发展的路径变化需求，即考察 IT 外包决策的适应性要从企业 IT 应用背景、企业 IT 外包战略和 IT 外包任务三个维度进行综合分析，而不能仅仅关注其中某一个层面。

## 第六节  本章小结

本章应用 CAS 理论多主体建模思想来构建 IT 外包决策过程多主体仿真模型，基于多主体仿真平台 Repast，对 IT 外包决策过程进行了模拟仿真研究。一是将 CAS 理论中的"刺激—反应"模型应用到 IT 外包决策发起阶段，通过设计仿真主体的属性和行为规则，模拟分析观察不同类型决策主体采纳外包的触发行为，仿真结果进一步验证了 IT 外包决策模型，同时也表明 IT 外包决策主体具有的历史背景路径依赖性；二是在分析 IT 外包商评估准则的基础上，模拟分析了 IT 外包商的选择和评价的动态变化过程。仿真结果表明，已有的合作关系影响着外包商选择评估，当进入外包合作关系以后，对外包商的绩效评价依赖于前期的外包商评估规则和信用分派。基于上述模拟仿真研究，本书将 IT 外包决策过程的路径依赖性归纳为历史背景路径依赖和关系路径依赖。

# 第八章　总结与展望

本章对全书进行总结，并对今后进一步的研究工作进行展望。

## 第一节　主要研究结论

IT 外包决策贯穿了 IT 外包的整个生命周期，影响着 IT 外包的成功实施，是 IT 外包研究领域的核心问题。本书采用多种理论相互补充的研究途径，从 CAS 理论视角，扩展了资源基础理论的外包决策分析框架，并融合交易成本外包理论等，对企业 IT 决策过程的连续性和复杂动态性进行了比较深入的探索性研究，构建了 IT 外包决策过程模型。综合应用实证调查法、多属性决策方法和工具，以及多主体的计算机模拟仿真等研究方法，分析验证了 IT 外包采纳决策模型、IT 外包模式设计和 IT 外包触发机制等，得出了如下研究结论。

（1）从传统形态 IT 外包到现代多元化、网络化的 IT 外包，从企业追求缩减成本的工具到企业战略选择的重要组成部分，IT 外包的内涵和外延在不断扩展和延伸。IT 外包具有的多元化和复杂异构性、嵌入性和动态变化性等特征使得 IT 外包区别于其他外包类型，并赋予 IT 外包决策具有多阶段、多层次和复杂动态性特征。在 IT 外包不同的发展阶段，IT 外包决策主体、决策环境及两者之间的复杂相互作用关系，影响和决定着企业 IT 外包的决策行为。

（2）从 CAS 理论视角分析了 IT 外包决策的复杂适应特征，认为 IT 外包决策主体由外包决策执行系统、外包决策信用分派（credit assignment）和外包规则发现三部分组成，决策主体与外包环境不断发生交互作用，促进外包行为的不断发展和递进；基于 TCT 视角和 RBT 视角分析影响 IT 外包决策的关键因素，同时从资源属性对竞争优势的限制层面，进一步扩展了 RBT 的外包理论框架，并在此基础上，构建了融合 RBT 和 TCT 理论的 IT 外包决策分析框架；从外包发展过程的视角，构建了多理论视角下的 IT 外包决策过程模型。

（3）在企业 IT 发起阶段，企业 IT 缺口是驱动企业采纳 IT 外包决策的关键因素，IT 应用的战略地位和 IT 外包成本影响着企业通过外包来获取补充性 IT 资源，填补 IT 缺口的决策行为，同时行业 IT 关联程度和信息化发展阶段的交互作用产生了不同类型的 IT 缺口，并对 IT 范围选择具有显著的影响作用。

（4）在企业 IT 外包设计阶段，企业 IT 背景、IT 应用战略地位、IT 外包成本和外包商等因素及其相互依存关系成为分析的关键维度，基于 ANP 网络层次分析原理，剖析了上述关键维度（元素组和元素）之间的相互依存、相关影响关系，构建了企业 IT 外包范围决策 ANP 模型，并进一步分析了 IT 外包模式设计中外包范围与外包商关联性，认为决策主体在确定 IT 外包范围的同时，潜在的候选 IT 外包商已经形成，即外包范围和外包商选择问题不能割裂分开，两者之间具有明显的相互作用关系，IT 外包范围选择影响着 IT 外包商关系模式的选择和外包商的评估准则。在此基础上，给出了 IT 外包商选择流程和具体的外包商评估准则。

（5）在 IT 外包实施过程中，归纳出两类 IT 外包实施方案：替代型 IT 外包和放弃型 IT 外包。分析认为，企业信息化发展阶段和行业的 IT 关联程度影响着企业 IT 外包方案的选择；对外包双方组织而言，组织间关系管理、企业 IT 能力、知识共享与传递、双重技能人才（dual-role skilled people）成为影响外包顺利实施的共同因素。

（6）企业 IT 外包决策过程具有明显的路径依赖性，包括历史背景路径依赖和关系路径依赖。信息化发展阶段和行业 IT 关联程度构成了企业 IT 外包决策的历史背景，不仅影响到企业 IT 外包采纳决策的触发行为，同时对于外包范围的选择也具有显著影响，这是企业 IT 外包决策的历史背景路径依赖；企业决策主体已有的社会关系、IT 供应关系等，影响着决策主体对于 IT 外包范围、外包商的选择模式，这是企业 IT 外包决策的关系路径依赖。

# 第二节  进一步研究展望

本书对企业 IT 外包决策进行了建模与仿真研究，对 IT 外包的理论研究和实践应用具有一定的价值。但是由于本人的能力、时间和篇幅所限，决定了无法就 IT 外包过程中所涉及的所有决策问题都进行详尽和深入的研究。因此，本书仍有一些需要进一步完善和深入研究的地方。

（1）IT 外包商问题有待进一步研究。企业选择合适的 IT 外包商，对于 IT 外包的成功实施意义重大。当企业选择多个外包商时，则面临着如何协同多方外包关系的问题，那么多个外包商模式的协同管理，则成为今后需要研究的一个方向。

（2）对 IT 外包绩效评价有待进一步研究。IT 外包绩效评价具有多主体、多准则等特点，企业实施 IT 外包的最终目的是为了提高企业 IT 能力，是否能从提高企业整体 IT 能力的角度，构建出集成的 IT 外包绩效评价体系，是需要日后进一步探索的。

（3）IT 外包决策过程模拟研究有待进一步深入。决策主体的决策偏好、认知特征等因素是影响企业 IT 外包决策行为的关键层面，在后续的模拟研究中，要增加对这方面因素的考虑。

# 参考文献

[1] 蔡俊杰，苏敬勤. 资源外包的形成及演进方式分析 [J]. 科研管理，2005，26（3）：55-59.

[2] 常丹，王金银. ASP 模式下的信息系统外包决策框架 [J]. 科技管理研究，2005（2）：104-105，111.

[3] 陈帅. 企业信息系统外包职能选择的模糊多属性群决策分析 [J]. 科技管理研究，2005（9）：172-174，184.

[4] 陈禹. 复杂性研究的新动向——基于主体的建模方法及其启迪 [J]. 系统辩证学学报，2003，11（1）：41-49.

[5] 戴金海，吴文昭，李昊. 复杂系统理论及其建模仿真方法学 [C]. 2003 全国仿真技术学术会议论文集，31-38.

[6] 方美琪，张树人. 复杂系统建模与仿真 [M]. 北京：中国人民大学出版社，2005.

[7] 郝成民，等，REPAST：基于 Agent 建模仿真的可扩展平台 [J]. 计算机仿真，2007，24（11）：285-288.

[8] 黄伟，等. 信息系统外包：主要研究方向和未来发展趋势 [J]. 清华大学学报（自然科学版），2006，46（S1）：923-929.

[9] 江兵，夏晖，刘洪. 企业信息技术外包的策略分析 [J]. 管理工程学报，2002（2）：34-36.

[10] J.Edward Russo, 安宝生，徐联仓. 决策行为分析 [M]. 北京：北京师范大学出版社，1998：1-12.

[11] 姜昌华，韩伟，胡幼华. REPAST——一个多 Agent 仿真平台 [J]. 系统仿真学报，2006，18（8）：2319-2322.

[12] John H Holland. 隐秩序——适应性造就复杂性 [M]. 周晓牧，等译. 上海：上海科技教育出版社，2000.

[13] John·H·Holland. 涌现——从混沌到有序 [M]. 陈禹，等译. 上海：上海科学技术出版社，2001.

[14] 康飞，姜锦虎，吕昌春. IT 外包中两阶段供应商选择的仿真模型 [J]. 情报杂志，2007（5）：84-87.

[15] 娄策群，林菡密. 基于非对称信息理论的信息技术外包风险管理 [J]. 情报科学，2006（3）：347-351.

[16] 李怀祖. 管理研究方法论 [M]. 西安：西安交通大学出版社，2004.

[17] 李小卯，等. 战略性信息技术外包 [J]. 中国软科学，1998（10）：114-118.

[18] 李小卯，司春林. 资源外包与 R&D 管理 [J]. 研究与发展管理，2000（6）：114-118.

[19] 李小卯. 信息技术外包套牢问题的研究 [J]. 系统工程理论与实践，2002，12（3）：26-31，113.

[20] 刘洪. 涌现与组织管理 [J]. 研究与发展管理，2002，14（4）：40-46.

[21] 廖守亿，戴金海. 复杂适应系统及基于 Agent 的建模与仿真方法 [J]. 系统仿真学报，2004，16（1）：113-118.

[22] 罗伯特·克莱珀，温德尔·O·琼斯. 信息技术、系统与服务的外包 [M]. 北京：电子工业出版社，2003.

[23] 马庆国. 管理统计——数据获取、统计原理、SPSS 工具与应用研究 [M]. 北京：科学出版社，2002.

[24] 毛美叶，王文涛. 国外信息技术外包关系研究综述 [J]. 管理现代性，2006（2）：4-6.

[25] 倪跃，王小平，曹立明. 基于 Agent 的第三方物流库存决策仿真 [J]. 计算机应用与软件，2007，24（2）：16-18.

[26] 戚力，陈勇强，罗新. 层次分析法在信息技术外包决策中的应用 [J]. 天津理工学院学报，2003，（3）：106-108.

[27] 孙宏才，等. 用网络层次分析法（ANP）评估应急桥梁设计方案 [J]. 系统工程理论与实践，2007（3）：63-70.

[28] 陶厚永，刘洪. 企业的关系边界及主体关系模式的影响 [J]. 中国工业经济，2007（9）：70-78.

[29] 托马斯·科恩，等. 能把 IT 托付给谁——基于因特网的信息化应用外包 [M]. 北京：中国人民大学出版社，2004.

[30] 王建军，杨德礼. 信息系统外包决策的 AHP ／ PROMETHEE 方法 [J]. 管理学报，2006，3（3）：287-308.

[31] 王红卫，建模与仿真 [M]. 北京：科学出版社，2002.

[32] 王欣荣，樊治平. 信息系统外包决策的一种模糊决策方法 [J]. 东北大学学报（自然科学版），2002，23（8）：750-753.

[33] 吴大刚，靖继鹏. 信息技术外包研究现状 [J]. 现代情报，2007（11）：38-40.

[34] 武芳，严丽芳. 通过战略合作管理企业信息技术资源——企业信息系统外包及其 ASP 模式分析 [J]. 管理工程学报，2002，16（2）：72-74.

[35] 吴峰，李怀祖. 知识管理对信息技术和信息系统外包成功性的影响 [J]. 科研管理，2004，25（2）：82-87.

[36] 席代昭，范体军 . 基于 ADGF 集成法的 IT 外包决策 [J]. 情报杂志，2007（4）：17-18，21.

[37] 席代昭，范体军 . 基于 Agent 的信息技术外包方案评价体系结构 [J]. 情报杂志，2007（9）：92-97.

[38] 许国志 . 系统科学 [M]. 上海：上海科技教育出版社，2000.

[39] 杨波，彭思立 . 伙伴关系——信息技术外包的演变趋势 [J]. 管理学报，2005，2（Ⅱ）：254-258.

[40] 杨波 . IT 外包的控制机制研究 [J]. 管理学报，2005，2（5）：572-575.

[41] 杨波，左美云，方美琪 . 信息技术外包理论和实务评述 [J]. 外国经济与管理，2003，25（9）：7-11.

[42] 杨敏，邱菀华 . 复杂决策系统研究——框架及其方法 [J]. 系统工程理论与实践，2002（9）：1-7，26.

[43] 杨农 . 信息系统外包的决策和风险分析 [J]. 学术界，2003，103（6）：184-193.

[44] 叶丹，陈禹六 . 面向问题的动态群体决策支持系统框架研究 [J]. 计算机工程与应用，2003（14）：210-212，217.

[45] 殷国鹏，杨波 . 企业 IS 外包、IT 组织变革与能力提升的案例研究 [J]. 软科学，2007，21（2）：128-132.

[46] 尹建华 . 企业资源外包网络：构建、进化与治理 [M]. 北京：中国经济出版社，2005.

[47] 伊恩·本，吉尔·珀斯 . 外包制胜：利用外部资源提高竞争优势 [M]. 人民邮电出版社，2004.

[48] 于立，刘慧兰 . 信息技术外包的成因分析——信息技术外包服务商的视角 [J]. 情报科学，2006，（10）：11-13.

[49] 曾华，王恒山 . 基于 Hopfield 网络的信息技术外包服务商评价模型 [J].

电子技术应用，2006（9）：15-18.

[50] 张彩江，马庆国．简单决策与复杂决策的比较分析及其启发意义 [J]．自然辩证法研究，2005，21（2）：101-104.

[51] 张成虎，胡秋灵，杨蓬勃．金融机构信息技术外包的风险控制策略 [J]．当代经济科学，2003（2）：8-12，92.

[52] 张硕毅，张维婷．建构中小企业信息系统委外服务厂商选择评估模式 [J]．管理学报，2005，2（Ⅱ）：259-267.

[53] 张嵩，黄立平．基于资源观的企业信息技术能力分析[J]．同济大学学报（社会科学版），2003，14（4）：52-56.

[54] 张嵩，黄丽华．信息技术竞争价值两种观点的比较研究 [J]．研究与发展管理，2006，18（3）：85-92.

[55] 张维迎．所有制、治理结构及委托代理关系 [J]．经济研究，1996，（9）：3-15，53.

[56] 赵剑冬，林健．基于 Agent 的 Repast 仿真分析与实现 [J]．计算机仿真，2007，24（9）：265-284.

[57] 赵凛，张星臣．基于 Repast 平台的城市交通系统仿真建模研究 [J]．物流技术，2006（7）：117-123.

[58] 赵凛，张星臣．基于 Agent 仿真的 ATIS 条件下路径选择行为研究 [J]．系统仿真学报，2007，19（7）：1590-1593.

[59] 张云川，蔡淑琴．服务商主导的IT外包风险规避 [J]．科研管理，2005（1）：43-46.

[60] 周柏翔，王永庆，朱拥军．模糊综合评价法在 IT 外包供应商选择中的应用 [J]．中国管理信息化，2006，9（5）：3-5.

[61] 左美云，杨波，陈禹．企业信息技术外包的过程研究 [J]．中国软科学，2003（7）：84-87.

[62] Adiel Teixeira de Almeida. Multicriteria decision model for outsourcing contracts selection based on utility function and ELECTRE method [J]. Computers & Operations Research, 2007, 34(2) , pp. 3569-3574.

[63] Alner M. The effects of outsourcing on information security [J]. Information System Security, 2001, 10(2) , pp. 35-43.

[64] Anderson P. Complexity theory and organization science [J]. Organization Science, 1999. 10(3), pp.216–232.

[65] Anderson E. The salesperson as outside agent or employee: A transaction cost analysis [J]. Marketing Science, 1985, 4(3), pp.234–254.

[66] Ang S, Cummings L. Strategic response to institutional influences on information systems outsourcing [J]. Organization Science, 1997, 8(3), pp. 235–255.

[67] Ang S, Straub D. Production and transaction economies and information systems outsourcing: A study of the US banking industry [J]. MIS Quarterly, 1998, 22(4), pp.535-552.

[68] ANP Team. http://www.superdecisions.com/[EB/OL]. 2007.

[69] Aubert Benoit A. et al. Firm strategic profile and IT outsourcing [J]. Information Systems Frontiers, 2008, 10(2), pp. 129-143.

[70] Baldwing, LP et al. Outousrcing information system: drawing lessons from a banking case study [J]. European Journal of Information systems, 2001, 10(1), pp.15-24.

[71] Barbarna LM. Alain Ross. Complexities in IS sourcing equifinality and relationship management [J].The DATA BASE for Advances in Information System, 2005, 26(4), pp.29-46.

[72] Barney JB. Firm resources and sustained competitive advantage: A resource-based view [J]. Journal of Management, 1991, 17(1), pp. 99-120.

[73] Barney JB. Resource-based theories of competitive advantage: A ten-year

retrospective on the resource-based view [J]. Journal of Management, 2001, 27(6), pp.643-650.

[74] Benoit A. Aubert, Suzanne Rivard, Michel Patry, A transaction cost model of IT outsourcing [J]. Information & Management, 2004, 41(7), pp. 921-932.

[75] Bharadwaj, AS. A resource-based perspective on information technology capability and firm performance: An empirical investigation [J]. MIS Quarterly, 2000, 24(1), pp. 69–196.

[76] Bharadwaj, AS, V Sambamurthy, R W Zmud. IT capabilities: theoretical perspectives and empirical operationalization[C]. The International Conference on Information Systems, Helsinki, Finland, 1998, pp. 378-385.

[77] Bill Vassiliadis et al. From Application Service Provision to Service-Oriented Computing: A study of the IT outsourcing evolution [J]. Telematics and Informatics, 2006, 23 (4), pp. 271–293.

[78] Boonlert Watjatrakul. Determinants of IS sourcing decisions: A comparative study of transaction cost theory versus the resource-based view [J]. Journal of Strategic Information System, 2005, 14(4), pp. 389-415.

[79] Brenner T. Simulating the Evolution of Localised Industrial Clusters-An Identification of the Basic Mechanisms [J]. Journal of Artificial Societies and Social Simulation, 2001, 14(3), Available online at: http://www.soc.surrey.ac.uk/JASSS /4/3/4. html.

[80] Brown JS, Duguid P. Organizing knowledge, California Management Review [J]. 1998, 40 (3), pp. 90-111.

[81] Bush Ashley A, Tiwana A, Tsuji H. An Empirical Investigation of the Drivers of Software Outsourcing Decisions in Japanese Organizations [J]. Information and Software Technology, 2008, 50(6), pp. 499-510.

[82] Carol Saunders et al. Achieving success in information systems outsourcing [J]. California Management Review, 1997, 39(2), pp.63-79.

[83] Cevriye Gencer, Didem Gu ¨ rpinar. Analytic network process in supplier selection: A case study in an electronic firm [J]. Applied Mathematical Modelling, 2007, 31(11), pp. 2475–2486.

[84] Chao Liang, Qing Li. Enterprise information system project selection with regard to BOCR[J]. International Journal of Project Management, 2007, doi:10.1016/j.ijproman.2007.11.001

[85] Chatman JA Jehn KA. Assessing the relationship between industry characteristics and organizatinal culture: How different can you be? [J]. Acadamic Management Journal, 1994, 37(3), 522-554.

[86] Chiva-Gomez R. Repercussions of complex adaptive systems on product design management [J]. Technovation, 2004, 24(9), pp. 707-711.

[87] Christine Koh, Soon Ang, Detmar W. Straub, IT outsourcing success: A psychological contract perspective [J]. Information System Research, 2004, 15(4), pp.56-373.

[88] Chyan Yang, Jen-Bor Huang. A decision model for IS outsourcing [J]. International Journal of Information Management, 2000, 20(3), pp.225-239.

[89] Coase, RH. The nature of the firm [J]. Economica, 1937, 4(4), pp.386-405.

[90] Conner, KR. A Historical Comparison of Resource-Based Theory and Five Schools of Thought Within Industrial Organization Economics: Do We Have A New Theory of The Firm? [J]. Journal of Management, 1991, 17 (1), pp.121-154.

[91] Currie WL, Willcocks LP. Analysing four types of IT sourcing decisions in the context of scale, client/supplier interdependency and risk mitigation [J]. Information Systems Journal, 1998, 8(2), pp.119-143.

[92] Day G. The capabilities of market-driven organizations [J]. Journal of Marketing, 1994, 58(4), pp.37-52.

[93] Deloitte, Calling a Change in the Outsourcing Market. Deloitte Development LLC [EB/OL]. http://www.deloitte.com/dtt/cda/doc/content/us_outsourcing_callingachange.dbf, 2005.

[94] Dewitt T, Jones GR. The role of information technology in the organization: A review, model, and assessment [J]. Journal of Management, 2001, 27(3), pp.87-90.

[95] Dibbern Jens, Tim Goles, et al., Information Systems Outsourcing: A Survey and Analysis of the Literature [J]. THE DATA BASE for Advances in Information Systems, 2004, 35(4), pp.6-102.

[96] Dong-Hoon Yang et al. Developing a Decision Model for Business Process Outsourcing [J]. Computer & Operations Research, 2007, 34(12), pp. 3769-3778.

[97] Due Richard. The Real Costs of Outsourcing [J]. Information Systems Management, 1992, 9(1), pp. 78-81.

[98] Earls A. End of The Affair: Bringing Outsourced Operations Back In-house [J]. Computerworld, 2004, 31, p18.

[99] Eric T.G. Wang. Transaction attributes and software outsourcing success: an empirical investigation of transaction cost theory [J]. Information System Journal, 2002, 12(2), pp.153-181.

[100] Evelyn Brown.Modeling world turned upside down with new simulation software [EB/OL]. 2003, http://www.anl.gov/Media_Center/logos20-3/cass01.htm.

[101] Feeny D, Willicocks L. Core IS capabilities for exploiting information technology [J]. Sloan Management Review, 1998, 39(3), pp.9-21.

[102] Feeny DF, Ives B. In Search of Sustainability: Reaping Long-Term Advantage from Investments in Information Technology [J]. Journal of Management

Information Systems, 1990, 7(1), pp. 27-46.

[103] Fiona H. Rohde, IS/IT outsourcing practices of small and medium-sized manufacturers [J]. International Journal of Accounting Information Systems, 2004, 5(4), pp.429-451.

[104] Ganesh D Bhatt, Varun Grover. Types of Information Technology Capabilities and Their Role in Competitive Advantage: An Empirical Study [J]. Journal of Management Information Systems, 2005, 22(2), pp. 253–277.

[105] Gilley KM, Rasheed A. Making more by doing less: an analysis of outsourcing and its effects on firm performance [J]. Journal of Management, 2000, 26 (4), pp.763–790.

[106] Grant RM, The resource-based theory of competitive advantage: implications for strategy formulation [J]. California Management Review, 1991, 33(3), pp.114-135.

[107] Grover V, Cheon MJ, Teng JTC. The Effect of Service Quality and Partnership on the Outsourcing of Information Systems Functions [J]. Journal of Management Information System,1996, 12 (4), pp.89-116.

[108] Gurbaxani V, Whang S. The impact of information systems on organizations and markets [J]. Communications of the ACM, 1991, 34(1), pp.59-73.

[109] Hafeez K, Malak N, Zhang YB. Outsourcing non-core assets and competences of a firm using analytic hierarchy process [J].Computers & Operations Research, 2007, 34(12), pp. 3592-3608.

[110] Han Hyun-Soo, Lee, Jae-Nam; Seo, Yun-Weon. Analyzing the impact of a firm's capability on outsourcing success: A process perspective [J].Information & Management, 2008, 45(1), pp.31-42.

[111] Herbert Gintis The Competitive Economy as a Complex Dynamical System [EB/OL]. http://web.cenet.org.cn/upfile/46637.pdf, 2004, July 9.

[112] Hu Q, Saunders, C Gebelt M. Research Report: Diffusion of Information Systems Outsourcing: A Reevaluation of Influence Sources [J]. Information Systems Research, 1997, 8(3), pp.288-301.

[113] Jahyun Goo et al. An investigation of factors that influence the duration of IT outsourcing relationships [J]. Decision Support Systems, 2007, 42(2), pp. 2107-2125.

[114] Jérôme Barthélemy, Dominique Geyer. An empirical investigation of IT outsourcing versus quasi-outsourcing in France and Germany [J]. Information & Management, 2005, 42(4), pp.533-542.

[115] Kant Jean-Daniel, Thiriot Samuel. Modeling one human decision maker with a multi-agent system: The CODAGE approach[C]. Proceedings of the Fifth International Joint Conference on Autonomous Agents and Multiagent Systems, 2006, pp. 50-57.

[116] Karma Sherif, Bo Xing. Adaptive processes for knowledge creation in complex systems: The case of a global IT consulting firm[J]. Information & Management, 2006, 43(4), pp. 530-540.

[117] Klein J, David G, Howard J. Analyzing cluster of skills in R&D core competencies, visualization, and the role of IT[J].R&D Management, 1998, 28(1), pp:37-42.

[118] Klepper R. The management of partnering development in IS outsourcing [J]. Journal of Information Technology, 1995, 10(4), pp.249-258.

[119] Kyle J Mayer, Robert M Salomon. Capabilities, contractual hazards, and governance: integration resource-based and transaction cost perspectives [J].Academy of Management Journal, 2006, 49(5), pp.942-959.

[120] Lacity Mary C, Willcocks Leslie P. An Empirical Investigation Technology Sourcing Practices Lessons from Experience [J]. MIS Quarterly, 1998, 22(3), pp.363-392.

[121] Lacity Mary C, Hirschheim Rudy Benchmarking as a strategy for managing conflicting stakeholder perceptions of information systems[J].The Journal of Strategic Information Systems, 1995, 4(2), pp.165-185.

[122] Lacity Mary C, Willcocks Lesline P, Feeny David F. The value of selective IT sourcing [J].Sloan Management Review, 1996, 37(3), pp.13-25.

[123] Lee JN. The impact of knowledge sharing, organizational capability and partnership quality on IS outsourcing success [J]. Information & Management, 2001, 38(5), pp.323-334.

[124] Lee JN, Kim YG. Effect of partnership quality on IS outsourcing success: conceptual framework and empirical validation [J]. Journal of Management Information Systems, 1999, 15(4), pp.29-61.

[125] Lee JN, Minh Q Huynh, et al. IT Outsourcing Evolution–Past, Present, and Future [J]. Communications of the ACM, 2003, 46(5), pp.84-89.

[126] Lee JN, Shaila M Miranda, Yong-Mi Kim IT Outsourcing Strategies: Universalistic， Contingency, and Configurational Explanations of Success [J]. Information Systems Research, 2004, 15(2), pp.110–131.

[127] Loh Lawrence, Venkatraman N. Diffusion of Information Technology Outsourcing: Influence Sources and the Kodak Effect [J]. Information System Research, 1992a, 3(4), pp.334-358.

[128] Lon Lawrence, Venkatraman N. Determinants of Information Technology Outsourcing: A Cross-sectional Analysis [J]. Journal of Management Information System, 1992b, 9(1), pp.7-24.

[129] Lyons MH et al. Complex systems models for strategic decision making [J]. BT Technology Journal, 2003, 21(2), pp.11-27.

[130] Mahoney JT, Rajendran P. The Resource-Based View within the

Conversation of Strategic Management [J]. Strategic Management Journal, 1992, 13(5), pp.363-385.

[131] Martin Hancox, Ray Hackney IT outsourcing: frameworks for conceptualizing practice and perception [J].Information Systems Journal, 2000, 10(3), pp.217-237.

[132] Malz A. Outsourcing the warehouse function: economic and strategic considerations [J]. Logistics and Transportation Review, 1994, 30 (3), pp.245–265.

[133] Marchand DA, KettingerW J, Rollins J D. Information orientation: People, technology and the bottom line[J].SloanManagementReview, 2000, 41(4), pp.69-80.

[134] Michael Alan Smith, Ram L Kumar. A Theory of Application Service Provider (ASP) Use from a client perspective [J].Information & Management, 2004, 41 (8), pp. 977–1002.

[135] Michael Graf, Susan M Mudambi. The outsourcing of IT-enabled business processes: A conceptual model of the location decision [J]. Journal of International Management, 2005, 11(2), pp. 253-268.

[136] Michael Wade, John Hulland. The Resource-based View and information systems research: review, extension, and suggestions for future research [J].MIS Quarterly, 2004, 28(1), pp. 107-142.

[137] Michell V, Fitzgerald G. The IT outsourcing market-place: vendors and their selection [J].Journal of Information Technology, 1997, 12(3), pp. 223-237.

[138] North MJ et al. Visual agent-based model development with Repast Simphony [EB/OL]. Proceedings of the Agent 2007 Conference on Complex Interaction and Social Emergence, Argonne National Laboratory, Argonne, IL USA , http://repast. sourceforge.net/papers/Repast- Simphony Tutorial.pdf ,November, 2007.

[139] Nolan RL. Managing the Computer Resource: A Stage Hypothesis [J].

Communications of the ACM, 1973, 16(7), pp.399-405.

[140] Nolan RL. Managing information system by committee [J].Harvard Business Review, 1982, 60(4), pp.72-79.

[141] Ojelanki K. Ngwenyama, Noel Bryson, Making the information systems outsourcing decision: A transaction cost approach to analyzing outsourcing decision problems [J].European Journal of Operational Research, 1999, 115(2), pp.351-367.

[142] Olson, David L. Evaluation of ERP outsourcing [J].Computers and Operations Research, 2007, 34(12), pp. 3715-3724.

[143] Owen M, Aitchison D. Facilities management—the alternative information technology revolution [J].Industrial Management and Data Systems, 1988, (3), pp. 15–17.

[144] Peteraf MA. The cornerstones of competitive advantage: a resource-based view [J].Strategic Management Journal, 1993, 14(3), pp.179-191.

[145] Poppo L, Zenger T. Testing alternative theories of the firm: transaction cost, knowledge-based and measurement explanations for make-or-buy in information services [J].Strategic Management Journal 1998, 19(9), pp. 853–877.

[146] REPAST Development Group.overview of REPAST [EB/OL]. 2005, http:// repast.sourceforge.net.

[147] Reyes Gonzalez, Jose Goseco, Juan Llopis. Information system outsourcing: A literature analysis [J]. Information & Management, 2006, 43(7), pp. 821-834.

[148] Reyes Gonzalez et al. Information System Outsourcing Reasons in the Largest Spanish Firms [J].International Journal of Information Management, 2005, 25(2), pp. 117-136.

[149] Rindfleisch A, Heide JB. Transaction cost analysis: past, present, and future applications [J].Journal of Marketing, 1997, 61 (4), pp.30–54.

[150] Robert Tobias, Carole Hofmann. Evaluation of free Java-libraries for social-scientific agent based simulation [EB/OL]. Journal of Artificial Societies and Social Simulation, 2004, 7(1), http://jasss.soc.surrey.ac.uk/7/1/6.html.

[151] Ross JW, Beath CM, Goodhue DL. Develop Long-term Competitiveness through IT Assets [J].Sloan Management Review, 1996, 38 (1), pp. 31-42.

[152] Saaty LT. Fundamentals of the Analytic Network Process[C].ISAHP Japan, 1999, pp. 12-14.

[153] Saaty LT et al. The analytic hierarchy process and human resource allocation: Half the story[J].Mathematical and Computer Modelling, 2007,46 (3) , pp.1041–1053.

[154] Saggi Nevo et al. An examination of the trade-off between internal and external IT capabilities [J].Journal of Strategic Systems, 2007, 16(1), pp.5-23.

[155] Sara Cullen, Peter B. Seddon, Leslie P. Willcocks., IT Outsourcing Configuration: Research into defining and designing outsourcing arrangement [J]. Journal of Strategic Information Systems, 2005, 14(4), pp.357-387.

[156] Simon HA. Theories of Decision-making in Economics and Behavioral Science [J]. American Economic Review, 1959, 49, pp.253-283.

[157] Simon HA. The sciences of the artificial [M].Cambridge, MA: MIT Press, 1981.

[158] Smith MA et al. Information system outsourcing: a study of pre-event firm characteristics [J].Journal of Management Information System, 1998, 15(2), pp.61-93.

[159] Spender JC, Grant RM. Knowledge and the firm, Strategic Management Journal [J]. 1996, 17, pp. 5-9.

[160] Steven F. Railsback, Concepts from complex adaptive systems as a framework for individual-based modelling [J]. Ecological Modelling, 2001, 139(1), pp.47-62.

[161] Subhashish Samaddar, Savitha Kadiyala. Information systems outsourcing: Replicating an existing framework in different cultural context [J]. Journal of Operations Management, 2006, 24(6), pp.910-931.

[162] Subramanyam Murthy. The Impact of Global IT Outsourcing on IT Providers [J].Communications of the Association for Information Systems, 2004, 2004(14), pp.543-557.

[163] Teng J, Cheon M, Grover V. Decisions to outsource information systems functions: testing a strategy-theoretic-discrepancy model [J].Decision Sciences, 1995, 26(1), 75-103.

[164] Tomás F. Espino-Rodríguez1,Víctor Padrón-Robaina. A review of outsourcing from the resource-based view of the firm [J].International Journal of Management Reviews, 2006, 8(1), pp. 49–70.

[165] Thomas kern et al. Exploring ASP as sourcing strategy: theoretical perspectives, propositiona for practice [J].Journal of Strategic Information Systems, 2002, 11(2), pp. 153-177.

[166] Thomas Kern, Willcocks Leslie. Exploring Information Technology Outsourcing Relationships: Theory and Practice [J].Journal of Strategic Information Systems, 2000, 9(4), pp. 321-350.

[167] Thomas Y Choi, Kevin J Dooley. Manus Rungtusanatham, Supply networks and complex adaptive systems: control versus emergence [J]. Journal of Operations Management, 2001, 19(3), pp.351-366.

[168] Tim R Holcomb, Michael A Hitt. Toward a model of strategic outsourcing [J]. Journal of Operations Management, 2007, 25(2), pp.464–481.

[169] Tzu-Chuan Chou, Jau-Rong Chen, Shan L Pan. The impacts of social capital on information technology outsourcing decisions: A case study of a Taiwanese hign-tech

firm [J].International Journal of Information Management, 2006, 26(3), pp. 249-256.

[170] Ulli Arnold. New Dimensions of Outsourcing: A Combination of Transaction Cost Economics and the Core Competencies Concept [J].European Journal of Purchasing & Supply Management, 2000, 6(1), pp. 23-29.

[171] Vijay Gurbaxani. The new world of information technology outsourcing [J]. Communications of the ACM, 1996, 39(7), pp.45-46.

[172] Venkatraman N. Beyond Outsourcing: Manage its Resources as a Value Center [J].Sloan Management Review, 1997, 38(3), pp. 51–64.

[173] Volker Mahnke et al. Strategic Outsourcing of IT Services: Theoretical Stocktaking and Empirical Challenges [J].Industry and Innovation, 2005, 12(2), pp.205–253.

[174] Wernerfelt, Birger. A resource-based view of the firm [J]. Strategic Management Journal, 1984, 5(2), pp. 171-180.

[175] Willcocks L, Cullen S. The Outsourcing Enterprise: A CEO Agenda Briefing [M].LogicaCMG Press London, 2005.

[176] Willcocks LP, Feeny D. Olson N. Implementing core IS capabilities: Feeny-Willcocks IT governance and management framework revisited [J]. European Management Journal, 2006, 24(1), pp.28-37.

[177] Willcocks LP, Lacity MC, Kern T. Risk mitigation in IT outsourcing strategy revisited: longitudinal case research at LISA [J]. Journal of Strategic Information Systems, 1999, 8(3), pp. 285-314.

[178] William R King. Outsourcing becomes more complex [J].Information system Management, 2005, 22(2), pp.89-90.

[179] William R King. Outsourcing and the Future of IT [J]. Information Systems Management, 2004, 21(4), Fall, pp.83-84.

[180] William R King. Developing a framework for analyzing IS sourcing [J]. Information and Management, 2000, 37(6), pp. 323-334.

[181] William R King. IT Capabilities, Business Processes, and Impact on the Bottom Line [J].Information systems management, Spring 2002, pp.85-87.

[182] Williamson OE. The economic institutions of capitalism [M].New York: Free Press,1985.

[183] Williamson OE. Comparative economic organization: The analysis of discrete structural alternatives [J]. Administrative Science Quarterly, 1991, 36 (2), pp.269–296.

[184] Williamson OE. Strategy research: governance and competence perspectives [J].Strategic Management Journal, 1999.20 (12), 1087–1108.

[185] Zhengzhong Shi, AS Kunnathur T

S. Ragu-Nathan. IS outsourcing management competence dimensions: instrument development and relationship exploration [J]. Information & Management, 2005, 42(6), pp.901-919.

[186] Zhonghua Qu, Michael Brocklehurst. What will it take for China to become a competitive force in offshore outsourcing? An analysis of the role of transaction costs in supplier selection [J].Journal of Information Management, 2003, 18(1), pp.53-67.